잇적사고

잇적사고

세상을 이롭게 하는
연결의 힘

윤재연 지음

시크릿하우스

일러두기

이 책의 핵심 개념인 '잇적 사고'는 저자가 새로 만든 신조어입니다.
본문에서는 띄어쓰기로, 제목에서는 붙여쓰기로 표기하였습니다.

우리는 서로 연결되어 있습니다.
내가 있어 당신이 있고 당신이 있어 우리가 있습니다.
사실은 모두 하나입니다.
우리 모두는 연결되어 있기에 행복도 하나입니다.

더불어 잘 사는 '삶'을 추구해야 모두가 행복해질 수 있는 시대
과연 우리는 어떤 삶을 추구해야 할까요?

이 어려운 질문을 마주하고
CEO로 일하며 터득한 지혜와 경험을 바탕으로
저만의 답을 찾아가고 있습니다.

그것은 바로 **잇적 사고**!
끊어진 사고를 이어주고
세상을 이롭게 하는 연결의 힘!
그 새로운 인사이트를 소개합니다

차례

잇적 MEMO

2 UNDERSTANDING

자신을 이해하고 깨닫는다

잇적 MEMO

3   I DO

실행을 다짐하고 행한다

잇적 MEMO

4 LEADING
책임이 리더를 만든다

잇적 MEMO

5 DEMANDING

몰입이 성장을 낳는다

잇적 MEMO

잇적 MEMO

프롤로그

잇적 사고,
우리 모두의 행복을
연결하는 힘

행복이란 무엇일까요. 오랜 회사 생활을 그만두고 혼자만의 시간을 갖다 보니 문득 행복의 의미를 다시 한번 생각해 보게 됐습니다. 가족과 건강, 물질적인 풍요 등 사람들이 말하는 행복의 조건은 정답처럼 정해져 있지만, 과연 그게 전부일까 싶은 의구심이 들었습니다. 행복이란 것은 지극히 주관적이라서 각자 어떤 것을 가장 최우선 순위에 두느냐에 따라 달라지기 마련이니까요.

히말라야 산맥에 자리한 자그마한 나라, 부탄은 한때 전 세계에서 가장 행복한 나라로 손꼽혔습니다. 1인당 국민소득이 2,000달러에 불과했을 때에도 국민 100명 중 97명이 행복감을 느끼며 살아간다는 얘기가 가슴 깊이 남아있습니다. 부탄에 비해 훨씬 부유한 우리나라 국민의 행복 지수는 어떤가요? 순위를 비교하는 것이 아무 의미가 없을 만큼, 굳이 '자살률'까지 들먹이지 않아도 우리 스스로 너무나 잘 알고 있습니다. 각자 삶의 드리워져 있는 깊은 불행의 그림자를 말입니다. 그 어느 나라보다 국민 생활 수준이 높아진 지금, 배불리 잘 살면서도 정작 우리에겐 왜 행복이 멀게만 느껴질까요?

행복에 대한 고민이 깊어질 때쯤 한 지인을 만났습니다. 오랜만에 보는 얼굴이 생경할 만큼 밝고 환했습니다. 무슨 행복한 일이라도 있냐고 물었더니 법륜 스님의 정토회를 통해서 마음공부를 하고 있다는 답을 들었습니다. 마음공부…. 행복의 근원이 궁금했던 저에게 꼭 필요한 공부가 아닐까 싶었습니다. 종교와 상관없이 철학으로서의 불교, 수행으로서의 불교를 배우는 것은 저에게 특별한 경험이었습니다. 그 이유 중 하나는 제가 골프, 레저업에서 일하면서 추구해 왔던 경영 철학이 불교의 철학과 상당 부분 연결돼 있었기 때문입니다. 제가 기업을 통해 키워온 비전은 레저를 통해서 모든 이들을 행복하게 만들겠다는 것이었습니다. 그 꿈을 위해 누구나 자유롭고 평등하게, 그리고 안심하고 누릴 수 있는 레저 서비스를 제공하기 위해 노력해 왔습니다. 이윤을 추구해야 하는 기업을 경영하면서 자유와 평등, 행복을 말하는 것이 어찌 보면 거창하고 생뚱맞게 느껴질 수 있습니다. 하지만 저에게 경영이란 세상을 더 나아지게 하고자 애쓰는 것이고, 그 궁극적인 지향점은 자리이타(自利利他)였습니다. 모두 하나로 연결돼 있는 너와 나 그리고 우리가 모두 행복해지는 것이었으니까요.

그리고 비로소 다시 한번 깨달았습니다. 행복이란 결국 내 인생을 온전히 내 뜻대로 살아갈 수 있는 자유이자, 어떤 이유로든 차별받지 않는 평등을 누리는 일이라는 것을요. 돌이켜보면, 남부러울 것 없이 풍족하게 가진 저는 당연히 행복해야 했습니다. 하지만 정말 행복하기만 했을까요? 하고 싶은 것 많고 사람 좋아하고 호기심 많았던 저는, 저의 타고난 성향을 누른 채 하고 싶은 것보다 해야 할 일을 따라가야 할 때가 훨씬 많았습니다. CEO라는 책임을 받들기로 한 것은 결국 저의 선택이었지만, 오롯이 나만을 위한 선택이었는가를 생각해보면 그건 또 아닌 것도 같습니다. 다른 사람의 기대에 부응하기 위해서, 실망하게 하지 않기 위해서 저 자신을 누르며 살아온 순간이 훨씬 많았습니다. 어쩌면 이런 저의 결핍이 있었기에 누구나 주인처럼 차별받지 않고 자유롭게 누릴 수 있는 세상 만들기에 더욱 집중할 수 있었던 건지도 모르겠습니다.

이제 인생의 한 장을 끝내고 새로운 도전 앞에 서 있는 지금, 오롯이 제 인생의 주인공으로서 새로운 사업을 구상하고 있습니다. 그동안 제가 중요하게 생각해 온 자유와 평등, 그리고 평온의 가치를 세상에 마음껏 전파할 수 있는 '일' 말입니다. 공유와 연대를 통해 행복을 추구하는 '일'을 완전히 새로운 방식으로 풀어내고자 합니다. 우리나라를 넘어 전 세계인들과 네트워크를 맺고 공유와 연대를 하며 모두가 진짜 행복해질 수 있는 길을 만들어가는 것이죠.

시작점은 제가 가장 잘할 수 있는 레저 분야로 정했지만, 앞으로 가야 할 길에는 그 어떤 제약과 한계를 두지 않기로 했습니다. 업의 개념도, 일하는 방식도, 조직의 운영도 모두 완전히 새롭게 정의하고, 더 자유롭게 더 멀리 더 높게 날아볼 생각입니다. 다행히 이 시대는 디지털과 AI 기술의 엄청난 발달로 인해 꿈꾸는 대로 비전을 펼치기에 더없이 좋습니다. 무한 기회의 장에서 거대한 꿈을 꿀 수 있는 비결은 무엇일까요. 다름 아닌 '잇적 사고'입니다. 끝내 멋진 결과를 이뤄낼 혁신적 사고. 30년간 경영 활동을 통해서 깨달은 저만의 성공 방정식입니다. 여기서 말하는 '잇'은 우리가 모두 원하는 '그것(대명사 it)'입니다. '잇'은 우리 모두의 행복을 이어주는 일입니다. '잇'은 세상을 이어주는 도구, 'IT 기술'이자 세상에 없던 가치를 더하는 일입니다. 감히 확신합니다. 우리가 모두 잇적 사고를 할 때 우리가 멀게만 느꼈던 행복이 가까워질 것이라고요. 각자 자기 인생의 주인공으로 당당하게 살아갈 힘을 갖게 되는 것이니까요. 세상을 이롭게 하는 연결의 힘! 잇적 사고로 여러분의 삶을, 행복을, 미래를 응원합니다.

윤재연

BOLD

**용기가
세상을 바꾼다**

세상은 거침없이 변해갑니다.
어제의 나는 오늘의 나와 다르고,
오늘의 나는 내일의 나와 다를 것입니다.
변하는 우리가 서로 연결돼있기에 변화의 속도는 한층 더 빨라집니다.
세상이 모두 변하는데 나만 변하지 않고 버틸 수 있을까요?
변하고 배우는 것이 우리의 '일'입니다.

반드시 더 나은 길이 있다는 믿음을 갖고
주체적으로 변화를 이끌어가는 용기를 가질 때
우리는 비로소 내 삶의 주인공이 될 수 있습니다.

일의 개념을
새롭게 정의하라

'일'은 당신에게 어떤 의미인가?

일의 개념을
'돈 버는 일'로 규정할 때
우리 삶의 주인은 돈이 된다.

개인이나 비즈니스의 성공 여부는
'이타심'에 의해 결정된다.

제가 CEO(총괄 책임 경영자) 자리에 오른 것은 마흔 여덟이 되던 해였습니다. 아버지께서 이뤄놓으신 굵직한 사업 중 레저사업 분야의 자회사를 이끌게 되었죠. 창업의 고통에 비할 수는 없겠지만, CEO라는 왕관의 무게를 짊어진다는 것은 '나의 삶'을 '경영'에 투신하겠다는 각오를 다져야 하는 일이었습니다. 그리고 이를 위해서는 '경영을 통해 내가 이루고자 하는 것이 무엇인지' 그리고 그것을 위해 '어떤 일을 해나갈 것인지'에 대한 명확한 이정표부터 세워야 했습니다.

CEO가 하고자 하는 '일'은 곧 기업의 '비전'이자 '미래'이며, CEO가 꾸는 '꿈'의 크기가 기업이 성장할 수 있는 그릇의 크기를 결정합니다. CEO의 그릇보다 더 큰 기업은 존재할 수 없습니다. 경영의 첫걸음은 기업의 비전과 목적을 확고히 세우는 것입니다. 그러나 이는 말처럼 쉬운 일이 아닙니다. '나는 왜 일하는가?' 라는 질문에 끊임없이 답을 찾아내는 치열한 과정이 필요합니다. 그 시작점은 '일'에 대한 정의(Definition)를 새롭게 규정하는 것입니다. 대부분의 사람들은 일을 하기 싫고 피하고 싶은 것으로만 여깁니다. 왜일까요? 이는 '일'을 단순히 돈을 버는 행위로만 규정했기 때문입니다. 그러면 우리는 더 이상 나를 위해 일하는 것이 아니라 돈을 좇아 일하게 됩니다. 결국 내 삶의 주인은 돈이 되고, 나는 돈의 부하가 되어버립니다. 돈이 시키는 대로 살아가다 보면 일을 즐기기 어려워지고, 매 순간 불행이 싹트게 됩니다. 불행한 삶에서는 목적이 자라기 힘들고, 희망은 점점 멀어져만 갑니다.

그런데 만약 일을 다른 각도에서 바라보고 새롭게 정의하면 어떻게 될까요? 인류 지식의 아이콘인 스티븐 호킹 박사는 '엔트로피의 법칙*'을 빗대어, 이렇게 말했습니다.

"엔트로피의 증가는 시간의 방향이다."

여기서 엔트로피(Entropy)란, 물체의 열적 상태를 나타내는 물리량 중 하나로, 무질서의 정도를 나타내는 척도입니다. 스티븐 호킹은 엔트로피를 통해 우리가 사는 세상은 그대로 두면 매일 더 혼탁해진다는 것을 시사했습니다. 누군가는 세상을 유지하거나, 더나아가 발전적인 방향으로 개선하기 위해 끊임없이 노력해야 한다는 뜻입니다. 최소한 지금의 상태라도 유지하기 원한다면 말이죠. 이런 생각 끝에 저는 '일'을 '나와 세상을 더 나은 방향으로 변화시키는 것'이라고 새롭게 규정했습니다. '일'을 이렇게 규정하고 나니 세상에 할 일이 넘쳐나기 시작했습니다. "세상을 지금보다더 나아지게 하려면 무엇을 해야 할까?"를 고민하며 주변을 살펴보면 다른 사람들이 미처 눈치채지 못한 불편함과 불합리한 문제들이 보이기 시작합니다. 하다못해 휴지통 하나를 놓더라도 어디에 두면 더 편리하게 사용할 수 있을지 고민하게 되고, 끝내 더 나은 방식을 찾게 됩니다. 이런 작은 관심과 노력이 하나씩 더해질수

* **엔트로피 (Entropy)** 물체의 열적 상태를 나타내는 물리량의 하나로, 무질서의 정도를 나타내는 척도를 뜻한다. 스티븐 호킹은 "엔트로피의 증가는 시간의 방향이다"라고 말했다.

록 세상은 조금씩, 그러나 분명히 더 나은 방향으로 나아가게 되는 것입니다.

이것을 경영에 적용하는 방법은 간단합니다. 질문의 방향을 바꿔 "고객을 지금보다 더 기쁘게 하려면 무엇을 해야 할까?"를 고민하면 됩니다. 우리 기업이 제공하는 서비스로 인해 사람들이 조금이라도 더 편리함과 행복을 느낄 수 있도록 움직이는 것. 이것이 CEO로서 제가 해야 할 '일'이 되었습니다. '일'을 이렇게 새롭게 규정하자 명확한 목적이 생겼고, 이는 곧 기업의 비전으로 이어졌습니다.

우리 인생의 문제들도 마찬가지입니다. 걱정거리는 끊임없이 자라납니다. 마치 머리카락이 자라고 손톱이 자라는 것과 같은 이치죠. 결국 중요한 것은 현재 상태에서 나쁜 점을 줄이고 좋은 점을 늘리기 위해 노력하는 것입니다. 바로 이것이 나를 가치있게 만드는 '일'이자 '인생 경영'의 시작점이 됩니다.

☞

일이란?
'나'라는 존재로 인해 세상이 한 걸음이라도 더 나아지도록 하는 것입니다.
일하지 않고 편하게 살고 싶다면 내 몫까지 대신해서
열심히 살아가는 이들에게 최소한 감사한 마음이라도 가집시다.

나에게 '일'이란?
지금의 상태보다 더 나아지게 하는 것.

나의 존재로 인해
세상이 한 걸음이라도 더 나아지도록

그렇게 찾은 '일'이
골프·레저업에도 있었습니다.

"내가 누려온 최고의 서비스를
모두가 누릴 수 있게 하자."

누구나 평등
누구나 주인
누구나 행복

사치성 스포츠라 여겼던
골프의 문턱을 낮춰서
누구나 평생 즐겁게
공 때릴 수 있는 환경을 만들어가는 것.

그것이 지금까지 내가 세상에 기여해 온
'일'입니다.

가슴 뛰는 일에
미쳐본 적이
있는가

지금 당신이 행복하지 않다면
일에 몰입하지 못했기 때문이다.

인생이든 사업이든 즐기는 사람이 성공한다.

일에 몰입할 수 있는 것도 능력이다.

"일에 미치지 않은 사장은 피해라.

가장 바람직한 것은 돈에 미친 사람이 아니라

일에 미친 사람 밑에서 일하는 것이다."

- 세이노, 『세이노의 가르침』 중

재야의 명저로 손꼽히는 『세이노의 가르침』에 나오는 문구입니다. 여기서 '일에 미친다'라는 것은 무엇을 뜻할까요? 제가 찾은 답은 바로 '몰입'입니다. 헝가리계 미국인 심리학자 미하이 칙센트미하이(Mihaly Csikszentmihalyi)는 몰입(Flow)이란 "무언가에 깊이 빠져 심취해 있는 개인의 심리상태"라고 정의했습니다. 이는 자신의 실력을 온전히 한 곳에 쏟아붓는 것이자, 자신이 하는 일과 하나가 된 듯한 일체감을 느끼는 상태입니다. 물 흐르듯 편안하게, 하늘을 날듯 자유롭게 몰입의 상태에 빠지게 되면 그야말로 '초능력'을 갖게 됩니다. 몇 시간씩 집중해도 피로감을 느끼지 못하고, 언제나 신바람 나게 일할 수 있으니 놀라운 성취가 따라오기 마련이죠. 몰입의 상태가 행복과 밀접하게 연결되는 이유도 여기에 있습니다.

많은 사람이 저에게 묻습니다. "어떻게 오랫동안 지치지 않고 일할 수 있나요? 그 넘치는 에너지의 근원은 무엇인가요?" 저는 늘 이렇게 답합니다. "일이 너무 즐거워서 멈출 수 없고, 지칠 틈이 없기 때문입니다." 제가 하는 일에 오롯이 몰입해 왔기 때문이죠. 대한민국 골프 레저 업계를 더 나은 방향으로 이끄는 일에 푹 빠져 30년 가까이 쉼 없이 달려왔습니다. 내가 하는 일이 '자리이타(自利利他)', 즉 나뿐만 아니라 직원과 고객 모두를 행복하게 만드는 일이라고 생각하면, 그 일에 몰입하지 않을 수 없습니다. 고객들이 우리의 혁신적인 레저 서비스를 경험한 후 더 행복을 느끼는 것을 보고 큰 보람을 느낄 수 있었기에 제 일에 더욱 매진할 수 있었습니다.

그 결과는 다양한 성취로 나타났습니다. '골프는 꼭 18홀이어야 한다'라는 통념과 관습에서 벗어나, 세계 최초로 6홀 단위 24홀 골프장 '루나엑스'를 탄생시켰고, 국내 최초로 미디어 호텔을 표방한 '테이크호텔 서울광명' 또한 세상에 선보일 수 있었습니다. 주차를 테마로 한 신개념 복합문화공간 '룩스타워' 역시 몰입으로 일군 소중한 결실입니다. "정신일도 하사불성(精神一到 何事不成)", 즉 자기 일에 집중하면 이루지 못할 것이 없다는 진리를 몸소 체감하고 있습니다. 우리가 직장을 구할 때 '일에 미친 사장'을 찾아야 하는 이유는 그들이 가진 이러한 놀라운 힘을 함께 경험할 수 있기 때문입니다. 단순히 돈을 많이 버는 것과 비교할 수 없는 '인생의 행복'을 배울 수 있기 때문이죠.

인생이 잘 풀리지 않는다면, 내가 꿈꾸는 성공이 멀게만 느껴진다면, 그것은 어떤 일에도 몰입하지 못하고 있기 때문입니다. 일에 몰입할 수 있는 것도 능력입니다. 무엇에도 관심을 갖지 않고, 어떤 일에서도 즐거움을 느끼지 못하는 사람은 스스로 몰입의 기회를 잃어버리게 되고, 결국 성공의 기회마저 박탈당하고 맙니다.

그렇다면 우리는 어떻게 '몰입력'을 키울 수 있을까요? 미하이 칙센트미하이의 저서 『몰입의 즐거움』을 보면 세 가지 힌트를 얻을 수 있습니다. 첫째, 명확한 목표를 가져야 합니다. 이루고 싶은 명확한 목표와 그것을 이뤄갈 수 있는 구체적인 지침을 세우면 더욱 쉽게 몰입할 수 있습니다. 둘째, 작은 성취를 이뤄가는 재미를 알아야 합니다. 거창하고 거대한 목표보다 내가 조금만 노력하면 해낼수 있는 과제들을 만들어보세요. 그것을 해나가는 과정에서 몰입의 즐거움을 느낄 수 있습니다. 셋째, 스스로 '자신감'을 가질 수 있도록 꾸준히 실력을 연마해나가야 합니다. 일의 난이도에 맞는 실력을 갖춰야 내가 가진 역량을 온통 쏟아부으며 몰입할 수 있습니다. 이 세 가지 힌트만 알아도 누구나 몰입을 맛보면서 삶의 기쁨을 끌어올릴 수 있습니다.

행복은 몰입에서 시작됩니다. 내가 좋아하고 흥미를 느끼는 일에 몰입함으로써 나를 가치 있게 만들고 인생을 풍요롭게 만들어보세요.

☞

인생이 잘 풀리지 않고 내가 꿈꾸는 성공이 멀게만 느껴진다면,
그것은 어떤 일에도 '몰입'하지 못하고 있기 때문입니다.
사소해 보이는 일은 있을 수 있어도, 소중하지 않은 일은 없습니다.
세상 모든 '일'의 가치를 믿으세요.

대기업
억대 연봉
돈 되는 사업
평생 직장
황금알을 낳는 재테크

. . .

이런 것만 '일'이라고 생각하시나요?

그러면 우리는 대부분
'일'할 자격이 없는 무쓸모 인간이 됩니다.

하지만 '잇적' 사고를 한다면?

내가 행복하고 남을 행복하게 하는 일이
모두 '잇적' 일이 됩니다.
나만의 가치가 됩니다.

부지런히 깨어있기, 방 청소, 빵 굽기, 아이 보기,
이불 빨래, 화장실 윤나게 하기,
엄마 어깨 주무르기, 신발 가지런히 놓기 등 …

사소해 보이지만 확실한 행복을 주는 일
또 어떤 것들이 있을까요?
지금 바로 그것에 몰입해 보세요.

이타적 마음을
실천하면,
더 큰 성공이 보인다

리더라면 '자리이타'를
최우선 가치로 삼아야 한다.

타인의 행복을 추구하는 것이
곧 나의 행복을 찾는 길이다.

우리는 모두 연결되어 있으며,
세상에 내보낸 에너지는
결국 나에게 되돌아온다.

잇적사고

불교 경전 『화엄경』*에는 '자리이타'라는 말이 나옵니다. 자리이타는 '자기를 위한 수행이 곧 남을 이롭게 하는 것이며, 남을 위하는 것이 자기의 도를 이롭게 한다'라는 의미입니다. 이를 자세히 풀어보면, 자리(自利)란 자기 자신을 위해 수행하는 것을 의미하고, 이타(利他)란 다른 이의 이익을 위해 행동하는 것을 뜻합니다. 티베트 불교의 지도자인 달라이 라마는 자리이타에 대해 이렇게 설명했습니다.

"자리이타는 자기를 희생하면서 다른 사람을 돕는다는 뜻이 아니다. 보살이나 지혜로운 사람들은 궁극적 깨달음을 성취하는 목표에 전적으로 집중한다. 그 목표를 이타적인 마음인 자비심을 키워 이룩한다. 자신의 목표를 성취하는 최상의 길은 이타적인 사람이 되는 것이며, 그 행동이 자기에게 가장 큰 축복으로 돌아온다."

고대 그리스의 철학자 아리스토텔레스는 행복한 삶에는 타인의 행복도 포함된다고 주장했습니다. 타인을 위해 노력하는 사람이 자신의 행복만을 추구하는 사람보다 더 만족스럽고 성공적이며, 심지어 더 건강한 경우도 많다는 것입니다. 독일인 의사이자 노벨평화상 수상자인 알베르트 슈바이처(Albert Schweitzer) 역시 이렇게 고백했습니다. "행복의 비밀은 주는 데 있다(The secret of happiness is in giving)." 이는 행복이 결국 이타심(利他心)에서 피어난다는 것을

---

* **화엄경 (華嚴經)** 석가모니가 성도한 깨달음의 내용을 그대로 설법한 경문

강조한 말입니다. 기업 경영에서도 자리이타는 중요한 가치로 자리 잡고 있습니다. 고객들의 어려움과 불편을 해결하고, 더 많은 사람의 편리와 이익을 추구하는 기업들이 오랜 생명력을 보장받습니다. 이는 최근 ESG 경영이 기업 생존의 필수 요건으로 강조되는 이유이기도 합니다. 기업으로서는 달갑지 않은 일일 수 있죠. 돈이 되는 사업이라 해도 무작정 좇아가서는 안 되고, 필요 이상의 소비를 부추기는 것 또한 자제해야 합니다. 당장 눈앞의 이익을 포기해야 하는 일이기에 결코 쉬운 선택은 아닙니다. 그런데도 왜 자리이타를 경영의 최우선 가치로 두어야 할까요? 불교의 연기법(緣起法)에 따르면 세상 만물은 꼼짝없이 연결되어 있습니다. 그것이 있으므로 내가 있을 수 있고, 그것이 없으면 내가 존재할 수 없기에 세상과 나는 결코 떼려야 뗄 수 없습니다. 따라서 세상에 도움이 되는 방향으로 경영을 해야 결국 나 자신에게 이로움으로 돌아오는 것이죠. '이타심'을 실천하는 경영이 곧 기업이 살 길인 셈입니다.

미국의 글로벌 아웃도어 브랜드 파타고니아만 봐도 그렇습니다. 파타고니아는 '지구에 불필요한 해를 끼치지 않고 사업을 통해 자연을 보호하겠다'라는 가치를 최우선으로 삼는 착한 기업의 대표 주자입니다. 이들은 "어느 정도 입을 만하다면 새로 사지 말고 그냥 입던 걸 입으라"라는 철학을 내세우고 있습니다. 놀라운 사실은, 파타고니아가 2018년부터 2022년까지 연평균 22%의 성장률을 기록하는 등 수년째 높은 성장률을 기록해왔다는 점입니다. 이는 지구 환경 파괴와 기후 위기라는 모두의 '문제'를 인식하고, 이를 친환경적으로 해결하려는 노력이 소비자들의 마음을 움직였기 때문입니다.

한 기업을 책임지는 CEO라면 이타심을 가져야 합니다. 여기서 이타심이란 고객을 위해 무조건 희생하라는 의미가 아닙니다. 자기 업에 대한 문제의식을 느끼고, 모두를 위한 해결책을 찾아 나서는 도전 정신을 갖추라는 것입니다. 기업가의 숙명은 '문제 해결사' 입니다. 한 명이라도 더 많은 사람의 문제를 해결해 주고, 한 명이라도 더 많은 사람에게 도움이 될수록, 기업의 성공도 그만큼 무럭무럭 자라납니다. 결국, 성공의 열쇠는 너와 나, 우리 모두를 위한 이타적인 마음입니다.

☞
'타인'의 행복을 위하는 만큼 '나'의 행복도 커집니다.
우리는 모두 하나로 연결되어 있기 때문입니다.
누군가 나를 행복하게 해주길 기대하지 말고,
나부터 타인의 행복을 위해 살아갈 용기를 내보세요.
행복의 선순환! 그것은 나의 용기에 달려있습니다.

투명함,
자신을 지킬 수 있는
생존 무기

인생 경영을 해나가려면
자신을 지킬 수 있는 힘을 가져야 한다.

그 어떤 위기에도 통하는
최고의 생존 무기는 투명함이다.

잇적사고

CEO라고 하면 마치 '절대 반지'를 휘두르는 권력자처럼 생각하기 쉽지만, 실제로는 누구보다 냉정하게 평가받는 자리입니다. 국내 500대 기업 CEO의 평균 재임기간은 4.5년(2024년 기준) 이라고 하죠. 2021년에 비해 0.2년이 줄어든 수치입니다. 갈수록 생존 경쟁이 치열해지고 있기에 CEO라면 필연적으로 자신을 지킬 수 있는 생존의 무기를 갖춰야 합니다. 경영 능력은 물론이고, 전략적 사고, 기업을 성장시킬 비전, 그리고 구성원들을 한 방향으로 이끄는 리더십 등 CEO가 갖춰야 할 필수 역량들은 모두 생존의 무기가 될 수 있습니다. 그러나 그 어떤 상황에서도 CEO와 기업을 지켜줄 결정적인 무기는 따로 있습니다. 바로 투명함입니다.

2022년, 블루원의 정기 세무조사가 끝나갈 때쯤 국세청에서 CEO 면담 요청이 왔습니다. 세무조사 당시 별다른 문제가 없었기에 굳이 저를 왜 만나자고 하는지 의아했습니다. 직접 만나보니, 국세청 측은 "블루원처럼 규모가 제법 큰 회사를 세무조사 했는데 과세 0원이라는 결과가 나와 당황스럽다"라고 말했습니다. 수십 년간 세무조사를 해왔지만, 이런 경우는 처음이라는 설명도 덧붙였습니다. 실제로 국세청 정기 세무조사는 철저하고 까다롭게 진행됩니다. 국세청은 세무조사 기간과 범위를 임의로 정해 기업에 통보한 후, 기업의 회계 장부 등 필요한 자료를 요청합니다. 기업으로서는 조사 기간이나 범위를 미리 알 수 없으므로 꼼수를 쓰기 어렵습니다. 결국 투명하게 세금을 내는 것만이 과세를 피할 수 있는 유일한 방법입니다.

만약 기업의 이윤을 더 많이 남겨 저의 성과를 높이고자 했다면, 탈세의 유혹을 뿌리치기 쉽지 않았을 겁니다. 실제로 많은 경영자가 눈앞의 이익만 보고 잘못된 선택을 하는 경우가 많죠. 하지만 저는 제 삶에서 지켜온 '투명함의 원칙'을 기업 경영에도 고집스럽게 적용해 왔습니다. 부정하게 이윤을 챙기거나 거짓을 만드는 일, 내 것이 아닌 이득을 취하는 일, 타인에게 피해를 주고 나의 이익을 얻는 일 등을 철저히 경계해 왔습니다. 이것은 단순한 신념을 넘어, 제 삶의 원칙입니다.

결과적으로 이런 투명함은 CEO로서의 수명을 연장해 준 생존 무기가 되었습니다. 2세 오너 경영인으로서 수많은 견제를 받을 수밖에 없는 상황에서는 작은 흠 하나도 크게 부풀려져 부메랑처럼 돌아오기 쉽습니다. 냉엄한 세계에서 끝까지 살아남기 위해서는 '투명함의 원칙'을 무조건 고집스럽게 지켜야 합니다.

최근 몇 년간 경영계의 가장 큰 화두는 ESG*입니다. ESG는 결국 기업의 도덕성을 의미합니다. 투명하고 책임 있는 경영을 통해 사회적 책임을 다하고, 눈앞의 이익이 아니라 모두의 지속 가능한 내일을 위해 애써야 한다는 것을 강조하는 개념이죠. 이는 CEO가 기업을 지키고, 자신을 지키기 위해 절대 1순위로 지켜야 할 가치

---

* **ESG** 환경(Environmental), 사회(Social), 지배구조(Governance)의 영문 첫 글자를 조합한 단어로, 기업 경영에서 지속 가능성을 달성하기 위한 3가지 핵심 요소이다.

잇적사고

라는 것을 다시 한번 되새겨 봅니다.

국세청 면담을 끝내고 돌아서 나오는데, 책임자의 목소리가 제 귓가에 스쳤습니다.

"어쨌든 과세 0원은 0원이니까요. 조심히 들어가십시오."

어떤 이들은 수단과 방법을 가리지 않고 세금을 적게 내는 것이 경영에 유리한 것 아니냐고 반문할지도 모릅니다. 하지만 ESG 시대의 기업가라면 이제 더 넓은 시야로 세상을 바라봐야 합니다. 세금이 잘 쓰여져야 하는 것이 전제이긴 하나, 우리 기업의 성공만 좇기 전에, 사회 시스템이 잘 운영될 수 있도록 기반을 다져가는 일에 먼저 관심을 가질 필요가 있습니다. 사회 시스템이 탄탄하게 자리 잡혀야 기업들이 더욱 자유롭고 도전적인 경영 활동에 나설 수 있고, 그 과정에서 더 많은 가치를 만들어낼 수 있으니까요. 조금은 지나칠 정도로 '원칙'을 지키려 노력하는 것. 그것이 우리 사회를 보다 올바른 방향으로 이끌어갈 원동력이 되지 않을까요? 더불어, 투명하게 세금을 내는 사람들이 더 이상 바보 취급받지 않는 공정한 사회가 되기를 기대합니다.

☞

과세 0원은 영원히!
세금은 제대로 내고 일합시다.
원칙을 지키는 것이 당연한 사회가 되기를 바랍니다.

어제의 나를 넘어설
용기에 대하여

새로운 것을 시도하지 못하는 이유는 많다.
하지만 시도하지 않으면 안 되는 이유가 더 많다.

과거의 성공 경험에서 벗어나라.
성공에 집착하는 순간,
나락으로 가는 길은 이미 예정되어 있다.

점잖고 우아한 성공만 꿈꾸는가?
한계와 제약을 정해둔 만큼
성공 확률은 줄어든다.

TV의 종말이 다가오고 있다는 것을 피부로 느낍니다. 2024년 3월 기준 우리나라 사람들의 1인당 유튜브 월평균 사용 시간이 40시간을 돌파했다고 하더군요. 한 달에 40시간이면 무려 2,400분에 달하는 엄청난 시간입니다. 그것도 1인당 평균이 이 정도라면, 대다수는 그보다 더 많은 시간을 유튜브 세상 속에서 보내고 있을 겁니다. 이제는 TV 프로그램조차 핸드폰으로 찾아보는 것이 일상이 되었습니다. 광고주들이 너도나도 돈을 싸 들고 유튜브 시장으로 몰려가고, 연예인들이 자신의 이름을 내건 채널을 만드는 것도 지극히 당연한 일입니다. 사람들이 모이는 곳, 즉 장이 서는 곳에서 물건을 팔아야 장사가 잘되는 법이니까요. 미디어와 친숙한 환경에서 성장한 덕분인지, 늘 새로운 미디어 매체에 관심이 많았던 저는 일찌감치 대세의 흐름을 따라 유튜브 시장에 도전장을 내밀었습니다. 바로 <공 때리는 언니, 누구나 골프> 채널입니다.

CEO는 기업의 간판이자 브랜드입니다. 언젠가부터 '어떤 회사의 CEO인가?'보다 '누가 CEO인 회사인가?'를 더 중요하게 여기는 시대가 되었습니다. 이제 CEO는 기업의 제품과 서비스 뒤에 숨어서 '경영'만 할 것이 아니라, 뚜렷한 철학과 개성을 바탕으로 스스로 브랜드를 만들어갈 줄 알아야 합니다. 특히 자신이 몸담은 분야가 서비스업에 해당한다면, CEO가 직접 고객 친화적인 태도로 소통할 줄 알아야 합니다. CEO의 영향력이 커진 만큼, 말 한마디와 행동 하나가 기업의 이미지를 뒤흔들 수 있다는 것은 분명합니다.

이런 우려 때문에 제 유튜브 도전을 말리는 이들도 많았습니다. 하지만 아무것도 시도하지 않고 정체되는 것보다 더 나쁜 결과는 없습니다. 아무것도 하지 않으면 아무 일도 일어나지 않지만, 무엇이라도 시도하면 변화는 시작되고 지금보다 더 나은 상태로 나아갈 수 있습니다. 혹여 원하는 방향대로 나아가지 못하더라도 '배움'이 남게 될 테니, 실패에 대한 걱정은 접어두어도 됩니다.

새로운 도전을 결정하고 나아갈 때는, 실패하더라도 후회하지 않기 위해 자신만의 확고한 철학과 명분이 필요합니다. 저의 유튜브 도전에는 분명한 어젠다가 뒷받침되었습니다. 골프 업계에서 20년 넘게 일하면서 뼛속까지 느낀 것은, 틀에 박힌 골프의 관습을 깨고 허세 가득한 골프 문화를 바꾸지 않는 한 절대로 골프의 문턱을 낮출 수 없다는 사실이었습니다. 골프를 마치 '있는 사람들만 즐길 수 있는' 전유물로 만들고, 좋은 것은 나만 누리려는 이기적인 태도도 골프 대중화에 큰 걸림돌이 되고 있습니다. 여기에 한국 골프 문화의 약점을 이용해, 골프를 비싼 스포츠로 인식하게 만든 뒤 골퍼들의 등골을 휘게 하려는 대다수의 골프장 역시 문제입니다. 골프 인구가 600만 명을 훌쩍 넘어 대중화의 길에 접어들었음에도, 골프를 사치성 스포츠로 규정하고 개별소비세를 부과하는 낡은 법도 반드시 고쳐야 합니다. 이대로라면 골프는 언제까지나 소수 계층의 스포츠로 남을 것이고, 한국 골프 선진화의 시계도 느려질 수밖에 없습니다. 이렇게 '고인 물'처럼 정체된 골프 문화에 대해 누구도 목소리를 내지 않는다면, 과연 어떻게 될까요? 시간이 갈수록 더욱 탁해질 뿐입니다. 아버지가 한국 골프의 선구자로 골프 대중화에 큰 공을 세우셨던 만큼, 저는 그보다 한 걸음 더 나아가 골프의 일상화를 이루어야 한다는 사명을 언제나 품고 있었습니다. 이를 실천할 방법은 여러 가지가 있겠지만, 지금 이 시대에 가장 적합한 플랫폼으로 유튜브를 선택했습니다. 유튜브는 제 생각과 철학을 자유롭게 풀어낼 수 있는 방식이라고 판단했기 때문입니다. 결정하고 실행에 나서기 전, 유튜브를 통해 무엇을 이루고 싶은지에 대한 비전과 목표도 명확히 세웠습니다.

기존 레거시 미디어가 아닌 유튜브 시장에 도전하는 만큼, 저의 캐릭터도 다듬어지고 정제된 모습이 아니라 유쾌하고 소탈하며 다소 엉뚱한 평소 성격을 그대로 담아내는 방향으로 설정했습니다. 그렇게 탄생한 저의 부캐가 바로 '공 때리는 언니'입니다. 이름처럼

<공 때리는 언니, 누구나 골프> 비전과 미션	
누구나 골프	골프장 CEO로서 '골프의 문턱'을 낮춰서 온 지구촌이 함께 즐기는 스포츠로 만든다.
모두의 땡큐레저	블루원 CEO로서 다양한 '레저 스포츠 경영 활동'을 알린다.
1인 1 스포츠	대한체육회 이사로서 다양한 스포츠 활동의 장점을 알리고 1인 1 스포츠 시대를 여는 데 앞장선다.

친근하게 구독자들에게 다가가, 골프가 얼마나 재미있는 스포츠인지 알릴 수 있을 거라는 기대감도 생겼습니다. CEO 윤재연이 아닌 부캐, '공 때리는 언니'로서 스스로 한계를 정하지 않고 다양한 도전을 해보겠다는 다짐도 했습니다. 골프 업계의 더 나은 내일을 위해 전심(全心)으로 뛰다 보면 유의미한 결실들이 나올 것이고, 그것이 곧 CEO로서 기업의 브랜드 가치를 높이는 일이 될 거라는 확신이 있었기에 모든 것이 가능했습니다. 도전과 모험에는 리스크가 따릅니다만, 그것을 헤쳐나가는 과정에서 나만의 경험과 노하우가 쌓이고 또 성장에 필요한 내적 근력을 키워나갈 수 있다는 것입니다. 결국, 도전의 진정한 가치는 결과가 아닌 그 여정 속에서 발견됩니다. 이왕 한 번 태어난 인생, 우리도 그 주인공이 되어봐야 하지 않을까요?

☞

"굳이 왜 CEO가 직접 나섭니까?"
"CEO답지 못하게 그런 것까지 합니까?"
네. 저는 합니다. 공 때리는 캐릭터니까요.
CEO답다는 게 뭔가요?
누구나 추구해야 할 것은 '○○다움'이 아니라 '나-다움'입니다.
회사를 위해서 저도 제 일을 합니다

유튜브 <공 때리는 언니, 누구나 골프>
유튜브는 오른쪽 QR코드로 연결할 수 있습니다.

모두의 반대를
뚫고 나갈 힘이
있는가

잘못된 것을 알아차리는 것만으로도
새로운 기회를 만들 수 있다.

'반대를 위한 반대'를 이기는 힘은
자기 확신에서 나온다.

CEO로서 '파격 인사'를 시도한 적이 있습니다. 국내 처음으로 '미디어 놀이터'라는 콘셉트로 호텔 사업을 진행할 때의 일입니다. 테이크호텔 서울광명은 2000년 초반, 광명시의 요청으로 그룹 차원에서 진행하던 사업이었지만, 10년 가까이 별다른 진척을 내지 못하고 있었습니다. 결국, 그룹 내에서 유일하게 '호텔 경영' 경험이 있던 제가 투입되었고, 전체 프로젝트의 방향키를 잡게 되었습니다. 그리고 얼마 후, 저는 태영그룹에서 근무하던 82년생 이루다 선임(당시 나이 39세)을 CEO로 파격 승진시키고, 이미 국내에서 브랜딩 기획자로 이름을 알리고 있던 최장순 크리에이티브 디렉터(엘레멘트 컴퍼니 대표이사)를 영입해 CMO직을 맡겼습니다. 이는 태영그룹 내에서는 선례를 찾아보기 힘든 혁신적인 인사였고, 당연히 수많은 반대가 따랐습니다. 그런데도 끝까지 뜻을 굽히지 않고 파격 인사를 결심했던 이유가 있습니다.

테이크호텔을 처음 맡게 되었을 때, 기획부터 새로 시작해야 했습니다. 세상에 이미 많고 많은 평범한 호텔을 또 하나 짓는 것이 아니라, 호텔업의 카테고리를 확장함으로써 고객들에게 새로운 경험을 선사할 수 있는 공간을 만들고 싶었습니다. 그 고민 끝에 착안한 것이 '미디어 놀이터'입니다. 호텔이란 공간을 단순히 잠만 자고 떠나는 곳이 아니라, 누구나 '미디어'를 통해 주인공이 될 수 있는 공간으로 새롭게 규정하고자 했습니다. 저의 경영 철학인 Z(목적) to A(목표)에서 Z(목적)를 '세상에서 가장 힙한 미디어 놀이터 만들기'로 설정한 것이죠. 목적인 Z를 명확히 정하니, 앞으로 프로젝트를 어떻게 끌어갈지에 대한 로드맵이 그려졌습니다.

그런데 일을 빠르게 추진하는 데 큰 장벽이 가로막더군요. 이번에도 관성이었습니다. 우리가 익숙하게 알던 정형화된 호텔의 개념에 갇혀 기존 방식대로 일하려는 관성 말입니다. 예를 들면 이런 겁니다. 테이크호텔의 핵심 상품은 객실이 아닙니다. 고객들에게 새로운 경험을 제공할 수 있는 콘텐츠가 메인이죠. 온 가족이 함께 방문해서 각자 또는 따로 놀 수 있는 미디어 복합문화공간을 만드는 것이 주가 되고, 객실은 그저 쉬어가는 공간으로서 역할을 다할 뿐입니다.

또한 테이크호텔의 고객은 흔한 숙박객이 아닙니다. 한 사람 한 사람이 크리에이터이자 스스로 미디어가 되려는 사람들로 설정했습니다. 고객이 진화할 것이기에 당연히 호텔리어도 진화해야 했습니다. 숙박객을 응대하기 바쁜 서비스 직원이 아니라, 고객들의 새로운 경험을 도와주는 디지털 전문가들로 구성하기를 원했던 것이죠. 바로 이 지점에서 브레이크가 걸렸습니다. 테이크호텔이 더 이상 호텔의 기존 개념 안에 머물지 않을 것이기에, 이를 완전히 새로운 관점으로 바라보고 새로운 방식으로 일할 인재들이 필요했습니다. 하지만 기존 인력을 변화시키기에는 한계가 너무 많았던 것입니다.

기업이 나아갈 방향이 바뀌어 새로운 길로 진입해야 하는 상황이었지만, 기존의 길을 고집하는 탓에 도무지 진척이 나지 않았습니다. 그때 결심했습니다. 함께 일하는 사람들이 방향을 일치하지 않는 한, 더 이상 일을 계속 진행하기 어렵다는 것을 쿨하게 인정하고, 조직 구성을 다시 해야겠다고 마음먹은 것입니다. 그리고 처음부터 Z에 대한 뚜렷한 목표 의식을 가지고 일할 수 있는 사람들에게 프로젝트를 리드할 기회를 주는 것만이 살길이라고 생각했습니다. 다행히 제 곁에는 저와 같은 목표를 향해 뛰고 있던 두 사람이 있었습니다. 바로 이루다 전 대표와 최장순 전 CMO입니다. 두 사람 모두 능력과 열정은 말할 것도 없었고, 우리가 함께 만들어 나가고자 했던 테이크호텔에 대한 이해도가 높았습니다. 아니, 오히려 제가 꿈꿨던 것 그 이상으로 테이크호텔을 만들어낼 수 있는 인물들이라고 확신이 들었기에, 거침없이 파격 인사를 감행할 수 있었습니다. 물론 그 후폭풍을 예상하지 못한 건 아닙니다. 특히 이루다 전 대표의 경우, 연공서열이 뿌리 깊은 조직에서 이뤄진 '39세 여성의 CEO 승진'이었기에, 조직원들의 반발과 균열이 당연하게 뒤따랐습니다. 하지만 당시 저에겐 바로 그 균열이 필요했습니다. 사고의 전환 없이 기존 방식만 고집하며 자리만 차지하려는 이기적인 조직 문화에 경종을 울리고 싶었기 때문입니다.

기업이 분명한 비전과 목표를 제시했다면, 최소한 그 방향을 이해하고 배워나가려는 노력 정도는 갖추어야 조직 내에서 살아남을 수 있다는 것을 명확히 인식시키고 싶었습니다. 그것을 하루라도 빨리 깨닫고 스스로 변화할 수 있도록 도와주는 것 또한 CEO의 역할이니까요.

누군가가 저에게 회사에서 빠르게 승진하는 방법을 묻는다면 이렇게 대답하겠습니다.

"CEO를 보지 말고, CEO가 가리키는 방향을 보라."

그것이 곧 기업의 비전이자 우리가 나아가야 할 목표이기 때문입니다. CEO가 가리키는 방향을 향해 '나의 주장과 이기심'을 버리고 한 발 한 발 나아갈 때, 승진 그 이상의 성장의 기쁨이 여러분을 기다리고 있을 것입니다(단, CEO가 가리키는 방향이 없을 수도 있다는 점은 주의하세요. 비전이 없는 CEO라는 사실을 눈치채고 탈출을 꿈꾸는 것도 결국 본인의 능력이랍니다).

☞

승진 말고 성장의 기쁨을 추구하세요.
승진은 덤으로 따라옵니다.

BUILDING
BLOCKS

회사의 목적, 방향과
나의 목적, 방향이
불일치한 것을
일치시키는 게
바로 '일'입니다.

테이크호텔 서울광명

Stay, Play, Link.

모두가 삶의 주인공이 되는 곳.

테이크호텔은 반복되는 일상에 여유와 해방감을 선사하는 도심 속 휴식처이다.

서울과 수도권을 연결하는 중심, 광명역에 위치하고 있다.

www.take-hotel.com

ⓒ 테이크호텔

2

UNDERSTANDING

**자신을 이해하고
깨닫는다**

반드시 더 나은 길을 찾아가기 위해
용기 있는 첫걸음을 내디디려면 가장 먼저 '나'를 알아야 합니다.

외부의 기준으로 평가되는 '나' 말고
오로지 있는 그대로 '나'를 들여다보아야 합니다.

진정한 변화는 '나'에 대한 이해로부터 시작되고
내 꿈을 향해 변화해나가는 것이야말로
스스로 가장 행복해지는 길입니다.

내 삶의
주인공으로
살아갈 책임

자기 이해는 객관적인 시선으로
나를 돌아보는 '자기 점검'에서 시작된다.

'내'가 아닌 '누군가'의 기대에 부응하며
살고 있는 것은 아닌가?

최근 25년 만에 발표된 상속세 및 증여세법 개정안이 뜨거운 감자로 떠올랐습니다. 우리나라의 상속세 및 증여세 세율은 최대 50%에 달할 만큼 높은 편이어서, 가업 승계를 고려하고 있는 기업가들에게 매우 중요한 이슈일 수밖에 없습니다. 최고 세율만 놓고 단순히 비교하면, 한국은 OECD 회원국 중 벨기에(80%), 프랑스(60%), 일본(55%) 다음으로, 네 번째로 높은 수준이라 합니다. 그러나 명목상 최고 세율로 보면 일본에 이어 두 번째로 높은 편입니다. 삼성만 해도 약 12조 원에 달하는 상속세를 납부하고 있다고 알려져 있죠. 국내 대다수의 기업에 높은 상속세는 가업 승계를 위해 꼭 넘어야 하는 통과의례가 되고 있습니다.

최근 저도 증여받은 재산에 대한 세금을 내며 많은 생각이 들었습니다. 저에게 상속이나 증여세는 단지 돈의 문제만은 아닙니다. 상속·증여세를 낸다는 것은 큰 부(富)를 물려받는 것에 대한 사회적 책임이며, 가업을 승계하겠다는 의지의 표현이라고 생각했습니다. 사실 재산을 물려받더라도 굳이 가업까지 물려받을 필요는 없습니다. 쉬운 길을 가고자 한다면, 얼마든지 다른 선택을 할 수 있죠. 경제적 자유를 누리며 하고 싶은 일만 하며 살 수도 있고, 가업과 별도로 나만의 사업 분야를 찾아 새롭게 창업에 나설 수도 있습니다. 그런데 저는 쉬운 길을 택하지 않았습니다. 아버지가 평생 일궈오신 기업의 영속을 위해, 저에게 주어진 책임을 다하기로 마음먹었습니다. 그것이 제가 누려온 것들에 대해 보답하는 길이자, 최고의 효도라고 생각했기 때문입니다.

사실, 저와 같은 오너 2~3세들은 "부모 잘 만난 덕에 호강하며, 아버지가 차려놓은 밥상에 숟가락만 얹으려 한다"는 오해를 종종 받습니다. 물론, 간혹 정말 그런 사람들도 있으니 아주 틀린 말은 아닐 겁니다. 하지만 사람들이 생각하는 것처럼, 가업을 승계해 CEO가 되는 길은 절대 호락호락하지 않습니다.

세계적인 가족 경영 기업들만 봐도, 후계자들은 엄격한 교육 과정을 거칩니다. 가장 대표적인 사례가 160년간 가족 경영을 이어오며 6대 세습을 앞두고 있는 스웨덴의 발렌베리 가문*입니다. 발렌베리 가문의 후계자들은 어려서부터 혹독한 경영 수업을 받습니다. 단적인 예로, 집에 손님이 찾아와 어른들과 대화를 나누면 꼭 문 옆에 앉아 경청해야 한다고 하죠. 이는 일찍부터 인간관계를 맺는 법과 처세술을 자연스럽게 익히기 위한 것일 겁니다. 이후 성인이 되면, 해군사관학교에 입학해 거친 바다 생활을 경험한 뒤, 해외 선진 금융회사에서 국제 금융과 산업의 흐름을 익혀야 합니다.

무엇보다 특별한 점은, 총수 1인의 '황제 경영'으로 인한 폐단을 막기 위해, 산업과 금융 분야로 나눠 총 2명의 총수를 두는 구조입니다. 그중 한 명은 장남, 나머지 한 명은 수많은 후손 중 능력과 의지가 가장 뛰어난 사람이 차지하게 됩니다. 이는 철저히 능력

---

* **발렌베리 가문 (Wallenberg Family)** 지주회사 인베스터 AB를 기반으로 한 스웨덴의 기업 가문이다.

중심의 후계 양성을 위한 '투톱 방식' 운영입니다. 당사자들로서는 평생 경쟁하며 살아야 하는 것입니다. 이러한 이유로, 발렌베리 가문의 후계자 중에는 후계 교육의 스트레스와 압박을 견디지 못해 자살로 생을 마감한 인물도 있습니다. 이는 발렌베리 가문이 능력 있는 후계자 양성을 위해 얼마나 뼈를 깎는 고통을 감내해 왔는지를 잘 보여 주는 사례입니다. CEO의 자격을 갖추는 길은 그만큼 외롭고 힘든 길입니다.

제가 선택한 길이었지만, CEO로 살아간다는 것은 정말 쉽지 않았습니다. CEO라는 자리는 '최종 책임'을 지는 자리이기 때문입니다. 여기서 말하는 최종 책임이란 기업 경영을 중요 가치의 1순위로 삼는 것을 뜻합니다. 나 개인의 삶을 뒤로하고 기업을 위한 삶을 살아가는 것입니다. 나의 행복보다 기업의 성공이 우선되는 삶을 사는 것이죠. 또한, 내 인생의 비전을 기업의 방향과 끊임없이 일치시켜 나가는 것을 의미합니다. 기업을 위해 기꺼이 자기 자신을 내던질 수 있을 만큼, 희생과 헌신의 자세를 갖추지 않으면 버텨내기 힘든 삶이었습니다.

회사를 그만두고 나온 지금, '나는 진정 내가 원하는 삶을 살았는가?', '혹시 나를 위한 삶이 아니라, 다른 사람들이 나에게 기대하는 삶을 살아온 것은 아닌가?'라는 질문을 스스로에게 던집니다. 경영자로 사는 삶이 행복하지 않았다는 것은 아닙니다. 하지만 그것이 진정한 '나'에 대한 이해와 발견에서 시작된 삶이었는지, 새롭게 돌아보게 됩니다. 일을 통해 얻은 성취보다, 나의 행복, 나의 자유, 내 마음의 평온이 더 중요한 가치라는 것을 이제는 알게 되었기 때문입니다. 혹시 삶의 중요한 가치를 접어두고 바쁘게 살아가고 있는 분들이 있다면, 잠시 멈춰 서서 호흡을 가다듬어 보세요. 하루 5분이라도 좋습니다. '나의 마음'을 들여다보고, '내가 진짜로 원하는 삶'을 머릿속으로 그려보세요. 바로 그 순간부터 내가 진정으로 원하는 변화가 시작될 것입니다.

☞
내가 행복해지는 것이 '일'의 시작입니다.
내가 행복하지 않으면, 내가 하는 일의 가치도 사라집니다.

더 나은
나를 위한
변화의 기술

내가 할 수 있는 일과
내가 하고 싶은 일은 어떻게 다른가?

능력 있는 사람이 되는 첫걸음은 객관적으로
자신을 검증하는 능력을 갖추는 것이다.

2014년, 블루원의 CEO직을 제안받았을 때 고민이 많았습니다. 사람들은 이를 '아버지의 회사를 물려받기 위한 당연한 수순'이라고 생각했지만, 제 생각은 달랐습니다. CEO의 책임을 받아들인다는 것은 단지 '아버지의 회사를 물려받는 것'이 아니라, '아버지가 키워온 회사에 저만의 철학과 비전을 담아 지속 가능한 발전을 이루어내야 하는 사명'과도 같은 것이었습니다. 또한, 2세 오너 경영인, 특히 여성 CEO에 대한 회사 안팎의 우려가 크다는 것을 잘 알고 있었기에, 저의 능력을 더욱 객관적으로 들여다보고 싶었습니다.

내가 이 일을 꼭 해야만 하는 당위성은 무엇인지? 그 일을 하는 데 있어서 필요한 자격을 갖추었는지? 또 기업에 헌신할 준비는 되었는지? 증명이 필요했습니다. 이를 위해 마치 경영할 때 SWOT 분석을 하듯, 강점(Strength), 약점(Weakness), 기회(Opportunity), 위기(Threat) 요인을 분석해 보았습니다.

제가 바라본 저의 강점과 기회 요인은 다음과 같습니다

① 20년 가까이 현장에서 실무 경험을 쌓으며 혹독한 경영 수업을 받은 것
② 업에 대한 높은 이해도
③ 재무 관리, 세무, 회계 분야에서의 높은 전문성

④ 해외 연수를 통한 국제 경쟁력

⑤ 지속적인 변화를 추구하는 혁신 마인드

⑥ 골프·레저업에 대한 뜨거운 열정과 사명감

약점과 위협 요인도 직시해 보았습니다.

① 2세 오너 경영인에 대한 편견

② 여성 CEO에 대한 우려

③ 기존 구성원들과의 융화 여부

④ 급변하는 골프·레저 업황

부족한 점들을 살펴보니 어떻게 보완해야 할 지 구체적인 길이 보였습니다. 한발 더 나아가, CEO로서 어떤 비전을 펼치고 싶은 지도 분명해졌습니다. 인류가 함께 즐길 수 있는 스포츠로서 골프를 널리 알리고, 레저를 통해 대한민국을 세상에서 가장 행복한 나라로 만들겠다는 다짐이 선 것입니다. 비로소 제 심장을 뛰게 하는 꿈을 찾게 된 것이죠. 동시에 저 스스로 이 일을 왜 해야만 하는지 당위성을 갖게 되어 설득력을 가질 수 있었습니다. 저의 꿈과 비전이 선명해지니 구성원들을 설득해 안정적으로 리드해나갈 수 있을 거란 자신감이 샘솟았습니다. 이것이 제가 CEO라는 무거운 책임을 기꺼이 받아 든 이유입니다.

"나는 무엇이 부족한가?"

"나는 무엇을 잘하는가?"

(내가 하고 싶은 것과 내가 잘하는 것은 분명히 다릅니다.)

"나 자신에게 적합한 일은 무엇인가?"

(나를 가슴 뛰게 하는 일은 무엇인가?)

우리는 어쩌면 이 질문들에 대한 답을 찾지 못한 채 인생을 마감할 수도 있습니다. 더욱더 즐겁고 만족스러운 인생을 원한다면, 그리고 내가 내 인생의 진짜 주인공이 되고자 한다면, 이 질문에 대한 답부터 먼저 찾아야 할 것입니다.

☞

"나는 무엇이 부족한가?"
"나는 무엇을 잘하는가?"
"나 자신에게 적합한 일은 무엇인가?"
성공한 사람들의 공통점은
이 세 가지 질문에 대한 답을 명확히 알고 있다는 것입니다.

잇적사고

나를 아는 것이
왜 중요한가

AI 시대의 필수 생존 요건은
'메타인지' 능력이다.

나에게 무엇이 부족한지 깨닫는 순간,
변화와 혁신이 시작된다.

나에 대해 아는 것이
모든 관계의 기초가 된다.

경영 실무에 뛰어들어 치열하게 일하다 보면, 브레이크가 걸리는 순간이 있습니다. '지금 내가 잘하고 있는가?', '지금 나에게 부족한 것은 무엇인가?'라는 메타인지가 필요한 때입니다. 경영은 곧 문제 해결이라 할 수 있는데, 내가 답을 찾아 나가는 과정에 문제가 없는지 스스로 검열하고, 부족한 부분을 보완해 나가는 것이죠.

이런 메타인지 능력은 부처님의 가르침에선 '알아차림'에 비유할 수 있겠습니다. 불법에서는 인간의 수많은 정신작용 중에 가장 뛰어난 것이 자각(自覺) 즉 '알아차림'이라고 했습니다. 사람은 오온(五蘊) 즉 색수상행식(色受想行識)*으로 구성되는데 이것을 잘 관찰해서 있는 그대로 알아차리는 것의 중요성을 강조한 겁니다. '알아차림'이 왜 그렇게 중요한 걸까요? 예를 들어 내가 넘어졌을 때 넘어진 것을 알아차리면 일어날 수가 있고, 내가 가다가 가는 줄 알아차리면 멈출 수가 있고, 내가 멈춰 있을 때 멈춰 있음을 알아차리면 다시 나아갈 수가 있습니다. 알아차림 그 자체가 바로 변화를 가져오는 것은 아니지만, 알아차림이 있으면 변화를 시작할 수 있습니다. 인공지능이 아무리 기억을 저장하는 능력이 방대해도 아직 이런 알아차림의 능력은 없기에, 스스로를 돌이키고 변화하는 것은 불가능합니다. 알아차리는 것은 고도의 사고가 필요하며, 수

---

* **색수상행식 (色受想行識)** ① 색(물질, 신체 감각 작용), ② 수(느낌 작용), ③ 상(생각 작용), ④ 행(의지 작용), ⑤ 식(인식, 의식 작용)

잇적사고

행을 통해 자신의 한계를 넘어서 본 인간만이 가능한 듯 보입니다.

어찌 생각하면 나 자신을 알아차리는 것이 뭐 그렇게 어려운 일일까 싶기도 합니다. 그런데 우리 주변에는 메타인지 능력이 부족해 경쟁력에서 밀리는 사람들이 많습니다. 저만 해도 구성원들을 판단할 때, 메타인지를 가장 중요한 판단 기준으로 삼습니다. 특별히 리더급의 메타인지 능력이 부족할 경우 조직에는 더 큰 피해가 생깁니다. 왜냐하면 리더 본인도 방향을 잃지만, 구성원의 방향마저 잃게 만들기 때문입니다.

첫째, 메타인지가 부족하면 자신이 무슨 일을 하고 있는지 모릅니다. 당연히 회사가 자신에게 무엇을 바라는지도 알 수 없습니다.

둘째, 자기 경험에만 의존해 판단합니다. 자신이 모르는 더 큰 세계가 있다는 것을 인지하지 못하는 것이죠. 더욱 안타까운 것은 자기 경험을 확장하려는 노력조차 하지 않는다는 것입니다. 우물 안 개구리가 우물 안에 갇혀있다는 것을 모르고, 그 세상이 전부인 줄 아는 것과 같습니다. 본인은 편안할지 몰라도, 우물 밖에서 바라보는 사람은 안타까울 수 밖에 없습니다.

셋째, 어떤 일을 바라볼 때 큰 그림을 생각하지 못합니다. 숲을 보지 못하고 나무만 보는 것과 같죠. 이 때문에 문제를 해결할 때, 문제의 핵심을 꿰뚫어 보지 못하고 지엽적인 면만 바라보며 해결하려 듭니다.

예를 들어, 똑같은 문제로 계속 고객 불만이 접수될 경우, 그때 그때 대응하기에 급급할 뿐, 왜 같은 문제가 반복되는지 그 원인을 보려 하지 않습니다. 결과적으로 고객은 동일한 불편을 감수해야 하고, 직원들도 지속적으로 그 불만들에 대한 응대를 해야만 했습니다. 이처럼 무감각하고 비효율적인 일들이 현장에서는 빈번하게 발생합니다.

넷째, 다른 사람의 의도를 제대로 파악하지 못합니다. 상사나 동료의 관점에서 생각하려는 노력이 부족하므로 생기는 문제입니다. 앞에서는 상대의 말과 의도를 이해하는 것처럼 보여도, 뒤돌아서면 다른 방향으로 가는 경우가 많습니다. 그야말로 난감한 상황이죠. 결국 이런 유형의 사람들과 함께 일하면, 시너지를 받기보다는 설득하고 이해시키는 데 시간 낭비만 하게 되는 경우가 많습니다. 그래서 끝까지 함께 가기 어려운 경우가 생길 수밖에 없습니다.

우리가 메타인지 능력을 높이려면 어떻게 해야 할까요? 일을 할 때 딱 두 가지만 기억하면 됩니다.

첫째, 내가 이 일을 왜 하는지 알고 정확한 목표를 명확히 세우는 것입니다. 내가 가고자 하는 방향을 정확히 알고 있으면, 중간에 잠시 방황하더라도 다시 올바른 길을 찾을 수 있습니다. 또한, 함께 일하는 동료들에게도 정확한 방향을 제시해 함께 맞춰가기 쉽습니다.

둘째, 전체 큰 그림을 다양한 시각으로 보려 노력하고, 상대방의 의도를 한 발 더 깊이 생각하는 습관을 갖는 것입니다. 이를 실천할 수 있는 가장 쉬운 방법은 스스로에게 '지금 내가 해결해야 할 문제가 무엇인지' 계속 묻는 것입니다. 도대체 무엇이 문제인지 제대로 알면, 즉시 내가 해결해야 할 일이 보입니다. 또, 다른 사람은 이 문제를 어떻게 해결하려고 했는지, 다른 사람의 의도 역시 보다 선명하게 살필 수 있습니다.

이 두 가지만 잘해도, 훌륭한 인재로 인정받을 수 있습니다. 그런데 안타깝게도, 메타인지가 부족한 사람들은 이렇게 쉬운 방법조차 끝내 실천하지 못하는 경우가 많습니다. 스스로 메타인지가 부족한지조차 알지 못하며, 오히려 자신이 일을 잘한다고 착각하며 살아가기 때문입니다. 이처럼, 메타인지는 스스로 터득해 깨우치기 어려운 점에서 더욱 귀한 능력이라 할 수 있습니다.

☞

메타인지가 부족하면 생기는 일
❶ 자신이 무슨 일을 하는지 모른 채 그저 일만 한다.
❷ 자기 경험에만 의존해 판단한다.
❸ 어떤 일의 큰 그림을 그리지 못한다.
❹ 다른 사람의 의도를 파악하지 못하며, 심지어 관심조차 없다.

AI 시대,
우리가 절대 놓쳐선 안 될 능력은
메타인지입니다.

인간이 AI보다
탁월할 수 있는 이유는
스스로를 알아차려
끊임없이 성장해 나갈 수 있기 때문입니다.

모든 것을 압도할
'원씽(One Thing)'에
집중하라

나를 기다려주는 완벽한 시장은 없다.
시장은 극복해 나가는 것이다.

내가 잘할 수 있는 한 가지에 집중해,
차별화 된 경험을 창조하라.

골프, 여행, 리조트, 워터파크. 나의 업(業)은 '레저업'이라는 하나의 카테고리로 묶입니다. 이는 사람들에게 삶의 재미와 여유, 쉼을 제공하는 서비스업입니다. 처음 레저업에 뛰어들게 된 계기는 우연에 가까웠습니다. 대학원에서 호텔경영학을 전공하고, 첫 직장이었던 삼성그룹 신라호텔에서 영업직 사원으로 일할 때였습니다. 그 무렵, 아버지께서 전투적으로 사업 분야를 확장하며 골프장 사업에까지 진출하셨습니다. 믿고 맡길 사람이 필요했던 아버지께서 저에게 손을 내미셨습니다. 골프 사업은 호텔 경영과 닮아 있었습니다. 호텔은 객실을, 골프장은 코스라는 공간을 시간 단위로 판매한다는 점에서 같은 개념이기에 도전해 볼만 하다고 생각했습니다. 또, 당시만 해도 국내에는 골프장이 귀했기에, 이를 블루오션이라고 판단했습니다. 실제로 지난 30년 동안 골프와 레저업은 거침없는 성장세를 보였습니다. 사람들의 소비 수준이 높아지고, 삶의 여유와 행복을 찾고자 하는 사람들이 많아질수록 업의 파이도 커졌죠. 그만큼 일하는 보람도 컸습니다.

그런데 골프·레저업에는 결정적인 약점이 있습니다. 그것은 외부 환경에 따른 돌발 변수와 위기가 많다는 점입니다. 골프는 야외 스포츠이기 때문에, 날씨에 따라 매출이 크게 변동합니다. 평일과 주말의 매출 차이도 큽니다. 평일엔 손님이 적고, 주말엔 코스가 턱없이 부족하죠. 리조트와 워터파크도 상황은 비슷합니다. 특히 워터파크는 여름 성수기에 해당하는 석 달 동안 1년 치 매출을 벌어들여야 합니다. 이는 석 달 장사를 위해 1년 내내 직원을 고용하고 부대시설을 관리해야 하는 부담을 떠안아야 한다는 뜻입니다. 김승호 회장의 책『돈의 속성』에서 언급된 '좋은 돈*'의 구조가 아닌 겁니다. 결론적으로 제가 다시 업을 선택할 수 있다면, 좋은 돈, 즉 정기적으로 매출을 올리기 쉽고, 날씨와 계절 등 불가항력적 외부 요인에 영향을 덜 받는 사업 분야를 먼저 고려할 것입니다. 하지만 저는 이미 알고 있습니다. 그렇게 '완벽하게 좋은 시장'이란 없다는 사실을 말입니다. 어느 시장이든 나름의 한계와 제약이 있습니다. 새로운 시장을 찾는 건 늘 어렵고, 쉬운 성공이란 애초에 존재하지 않습니다. 내가 좋은 시장을 알아차린 순간, 이미 다른 사람들이 고지를 향해 달려가고 있을 확률이 더 높습니다. 결국 시장은 극복해야 하는 것입니다.

제가 이 문제를 풀어가는 방법은 원씽(One Thing), 즉 내가 할 수 있는 단 하나의 일에 집중하는 것입니다. 복잡하지 않습니다. 우리 업장에 온 고객들에게 다른 곳에서는 경험하지 못한 '남다른 서비스'를 제공하는 것이 핵심입니다. 우리의 서비스를 이용해 본 고객이 다른 업장에 가서도 당당히 우리가 제공했던 서비스를 요구할 수 있도록 만드는 것이죠. 저도 제 일터에서 불합리하다고 느꼈던 부분을 개선함으로써, 남다른 고객 경험을 선사하고자 노

---

* **좋은 돈** 정기적이고 안정적으로 들어오는 수익

력했습니다.

예를 들면, 골퍼 스스로 자신의 여건에 따라 캐디를 선택할 수 있게 '캐디 선택제*'를 도입한 것입니다. 굳이 캐디의 도움이 필요 없는 경우, 노캐디 셀프 라운드를 선택할 수 있도록 했습니다. 이는 고객들의 비용을 절감해 주는 것뿐 아니라, 고객에게 선택의 자유를 돌려주는 것이었습니다. 제가 집중해 온 원씽의 핵심 가치, '골프장의 진정한 주인은 골퍼다' 라는 것을 적극적으로 실행한 것이었죠. 우리 골프장에서 캐디 선택제를 한번이라도 경험해본 분들은, 이런 자유가 자신이 당연하게 누릴 수 있는 권리라는 것을 깨달았을 겁니다. 그리고 어느 골프장을 가더라도 당연히 또 당당하게 요구하며 이렇게 물을 수 있었겠죠.

"여기선 캐디를 선택할 수 없다고요? 이게 말이 되나요?"

실제로, 2016년 블루원용인CC에서 국내 회원제 코스 최초로 캐디 선택제를 도입한 이후, 다른 골프장들도 차츰 이를 따라오기 시작했습니다. 2024년 5월 기준, 캐디 선택제를 도입한 골프장은 227개소에 달합니다. 불과 8년 만에, 캐디 선택제는 하나의 새로운 골프 문화로 자리 잡았습니다. 이처럼, 우리만의 '남다른 서비스'는 단순히 경쟁사를 넘어설 수 있는 차별화 포인트에 그치지 않습니다. 경쟁사는 물론이고, 문화까지 발전시켜 결과적으로 업의 파이

---

* **캐디 선택제** 골프장에서 플레이어가 자신의 캐디 배치 여부를 선택할 수 있는 제도

를 키우는 역할을 합니다.

경제가 워낙 어렵다 보니, 여기저기서 아우성이 들립니다. 분야를 막론하고 어디 하나 쉬운 사업이 없습니다. 그렇다고 앉아서 좌절하고만 있을 수는 없습니다. 이럴 때 우리가 할 수 있는 것은 내가 남들보다 잘할 수 있는 단 한 가지에 집중하고, 그것을 통해 '남다른 경험'을 창조하는 것입니다. 하다못해 '주차'만이라도 다른 업장보다 더 쾌적하고 편리하게 할 수 있는 방법을 찾는다면, 그것이 고객을 끌어들이는 신의 한 수가 될 수 있습니다. 어려울 때일수록, "시장이 중요한 것이 아니라 차별되는 경험이 중요한 것이다"라는 점만 기억하면 좋겠습니다.

☞
우리만의 '남다른 경험과 서비스'는
시장에서 살아남을 수 있는 필살의 무기가 됩니다.

남다른 경험과 서비스를 어떻게 찾아낼 것인가?
정답은 내 안에 있습니다.
내가 좋아하고 원하는 것을 탐구하고
이해하는 과정에서 새로운 발견이 이루어집니다.
이것은 타인을 위한 일이지만,
무엇보다 자신의 행복을 위해서도 중요한 일입니다.

남들이 놓치는 것을
발견하는 '시각'

사소한 차이가 선택의 방향을 바꾼다.

사소한 차이에 무감각하다면,
변화의 기회를 놓치고 있는 것이다.

고객이 직접 되는 것과
고객 입장에서 생각하는 것은 엄연히 다르다.

처음 블루원용인CC(舊 태영CC)로 배치되었을 때, 클럽하우스에 들어서는 순간, '아차' 싶었습니다. 고객들을 가장 먼저 맞이해야 할 프런트가 왼쪽 한구석에 숨겨져 있었기 때문입니다. 처음 방문하는 고객들은 체크인을 위해 프런트를 찾느라 두리번거리며 헤맬 수밖에 없었습니다. 처음 방문하는 고객일수록 위축되기 쉬운 상황에서, 프런트까지 찾기 어려운 구조는 고객들에게 더욱 난감한 경험을 안겨줬을 겁니다. 또 하나 불편했던 점은, 라운드 전 필요한 물품을 구매할 수 있는 프로샵이 지하 1층에 자리하고 있었다는 것입니다. 일반적으로 골프 준비물을 아무리 꼼꼼히 챙겼다 하더라도 하나씩 빠뜨리기 마련이라, 프로샵을 찾는 고객이 많았습니다. 그런데 그것을 지하에 숨겨두었으니, 고객으로서는 여간 불편한 게 아니었겠죠.

정리하자면, 로비 입구에 들어서자마자 왼쪽 구석에 있는 프런트에서 체크인을 하고, 맞은편 계단을 이용해 지하로 내려가야만 프로샵을 이용할 수 있었습니다. 그야말로 고객에 대한 배려가 부족한 동선이었던 셈이죠. 동선이 꼬여있으니, 골프장을 찾는 고객마다 프런트와 프로샵 찾느라 두리번거리곤 했습니다. 매번 고객들에게 그 위치를 안내해야 하는 직원들도 고생이었을 겁니다. 골프장 개장 2년 차에 접어들도록 이런 상황이 매일 반복되고 있었지만, 이것을 문제로 인식한 사람이 없었다는 사실이 더욱 실망스러웠습니다. 고객 관점에서 서비스를 바라보는 '눈'을 가진 사람도,

문제를 알아차리고 해결하려는 사람도 없었던 것입니다.

저는 이 문제를 심각하게 여기고 바로 개선에 나섰습니다. 고객들이 클럽하우스에 들어서자마자 프런트를 한눈에 찾을 수 있도록 위치를 바꾸었고, 데스크의 크기를 줄이고 높이를 조절해 프런트 응대 직원이 고객과 눈을 맞출 수 있게 했습니다. 더 이상 고객들이 우왕좌왕하는 일이 없도록 지하 1층에 있던 프로샵도 프런트 옆으로 옮겼습니다. 이는 업계의 좋은 선례가 되었고, 지금은 프런트와 프로샵을 가깝게 배치하는 것이 당연한 일이 되었습니다.

프런트와 프로샵의 위치만 바꿨을 뿐인데, 골프장을 찾는 고객들의 만족도는 눈에 띄게 높아졌습니다. '방문하기 부담스러운 골프장'에서 '다시 방문하고 싶은 골프장'으로, 골프장의 이미지가 완벽히 변한 것이죠. 골프장의 첫인상이 달라진 것입니다. 고객의 마음을 움직이는 것은 결국 디테일입니다. 사소한 차이가 큰 감동을 만들어냅니다. 이것을 잘하는 비결은 하나입니다. 고객이 기대하는 것보다 한 걸음 더 나아가는 것, 즉 엑스트라 마일(Extra Mile)*을 매일 실천하는 것입니다.

☞

사소한 차이가 큰 감동을 만듭니다.

---

* **엑스트라 마일 (Extra Mile)** 신약 성경 마태복음 5:41 ("누구든지 너로 억지로 5리를 가게 하거든 그 사람과 10리를 동행하고")에서 유래된 표현. 경영에서는 고객의 기대를 넘어서는 수준의 서비스를 제공한다는 의미로 사용된다.

위기를 마주하면,
우선순위부터
점검하라

고객을 이길 수 있는 기업은 어디에도 없다.

기업의 목적은 이윤이 아니라
고객의 행복이 되어야 한다.

진정한 고객 서비스는
'누구나 평등'에서 시작된다.

고객(顧客)이라는 단어의 동음이의어를 살펴보면 재미있는 점이 있습니다. 같은 고객이라도 고객(孤客)은 '외로운 나그네'라는 뜻을, 또 다른 한자인 고객(苦客)은 '귀찮은 손님'이라는 뜻으로 통합니다. 혹자는 이것을 두고, '제대로 대접받지 못하는 외로운 고객'과 '귀찮을 정도로 끊임없이 요구하는 고객'이 동시에 존재하는 현실에 빗대기도 합니다. 기업으로서 '귀찮은 고객'은 오히려 고마운 존재입니다. 우리가 서비스를 끊임없이 개선할 기회를 제공해 주니까요. 문제는 '외로운 고객'입니다. 경영을 하다 보면, 의도치 않게 고객을 상석에 앉히지 못하고 홀대하는 경우가 발생하곤 합니다. 무엇이 가장 중요한지 알지 못하고 우선순위를 잘못 설정하는 오류를 저지르게 되는 것이죠.

1995년, 블루원용인CC에 영업과 과장으로 입사했을 때, 저는 대대적인 혁신을 주도한 적이 있습니다. '고객'보다 '골프장' 중심으로 운영되는 예약 부킹 시스템을 보고 위기의식을 느꼈기 때문입니다. 당시만 해도 골프장 개수가 턱없이 부족해 골프 예약이 어려웠습니다. 특정 시간에 전화로 선착순 예약을 받다 보니, 한꺼번에 신청 전화가 몰려 통화가 거의 불가능했고 겨우 어렵게 통화가되어도, 이미 예약은 종료된 경우가 다반사였죠. 특히 성수기 주말 라운드의 경우, 수요가 월등히 높아 예약 한번 하기가 하늘의 별 따기처럼 어려웠습니다. 골프장 직원을 지인으로 둔 사람은 '원하는 날짜에 예약할 수 있는 기회'를 쉽게 얻을 수 있다는 이유로

골프장 예약 배정 시스템		
	BEFORE	AFTER
예약 방식	전화를 통한 특정 시간 한정 선착순 예약	회원 누구나 라운드 희망 날짜 신청 가능 (접수 순서 상관없이 신청 마감 시간 내, 팩스로 신청) ↓ 신청자 실적 취합 후 최근 방문이 뜸했던 순서대로 최우선 배정 * 배정에 실패한 회원들에게 커트라인(배정된 이들의 마지막 방문 일자) 공개
예약 효과	예약권 공평하지 못함	예약 빈도 조절을 통한 배정 확률 UP
달성 가치	골프장이 예약의 주도권을 가짐	고객이 예약의 주도권을 가짐

주변의 부러움을 살 정도였습니다. 저는 고객 서비스의 제1원칙을 '누구나 평등'이라 생각했기에 이런 상황을 두고 볼 수 없었고, 입사 직후부터 배정 기준의 투명성을 강화하기 위한 구체적 실행에 나섰습니다.

표의 내용과 같은 혁신을 통해 골프장 예약의 주도권을 고객에게 돌려주었고, 시행하자마자 월등히 높아졌습니다. 평등의 가치를 앞세운 서비스 혁신의 효과를 직접 경험한 것입니다. 하지만 이러한 개선을 위한 내부 설득 과정은 쉽지 않았습니다. 직원들이 700여 명에 가까운 회원들과 소통하며, 그들의 요구 사항을 반영하려면 일이 더 많아질 수밖에 없었기 때문입니다. 그럼에도 고객들을 상석에 앉히기 위해서 꼭 필요한 일이었기에 끝까지 설득하며 변화를 이끌었습니다. 고객 평등을 실현하는 일은 기업의 지속 가능한 성장을 위해 반드시 이뤄야 할 가치였기 때문입니다. 당시에 세운 예약 관리 원칙은 점차 정교하게 다듬어져, 이후 블루원의 각 골프장과 리조트의 기본 방침으로 통용되고 있습니다. 특히, 코로나19로 인해 골프 예약 붐이 일어 주중까지 예약이 어려워졌을 때, 투명하고 공정한 '예약 배정' 시스템을 주중으로 확대해, 고객 만족도를 더욱 높일 수 있었습니다. 우리 인생도 마찬가지입니다. 우선순위가 잘못된 것을 깨닫는 순간, 바로 새로고침에 들어가야 합니다. 일, 사랑, 가족, 돈, 건강 등 수많은 가치 중에서 내가 가장 중요하게 여기는 것이 무엇인지 알고, 우선순위를 바로 잡는 것. 이것이야말로 인생 경영의 효율을 높이는 방법입니다.

☞

우선순위를 정하지 않으면,
결국 다른 사람의 우선순위에 따라 살게 됩니다.

잇적사고

관성의 딜레마에서
빠져나오는 방법

변화와 혁신을 가로막는
'사나운 개'는 관성이다.

관성은 자기의 가치를 지키려는
무의식적인 방어 기제로 작동한다.

변화를 회피하려는 이유가 무엇인지
자신의 마음을 직시하는 것,
바로 그 지점에서 변화와 혁신이 시작된다.

구맹주산(狗猛酒酸)! 글자 그대로 '개가 사나우면 술이 쉰다'는 뜻의 사자성어입니다. 술도가에서 아무리 술을 맛있게 빚더라도, 그집 개가 사나우면 어떻게 될까요? 손님들이 술 사러 오길 꺼리게 되고, 술이 잘 팔리지 않아 쉬고 말겠죠. 이를 빗댄 것이 바로 구맹주산입니다. 경영을 하다 보면 '구맹주산'에 걸려 넘어지는 일이 종종 생깁니다. 아무리 좋은 서비스와 상품을 만들어놓아도, '사나운 개' 때문에 손님을 놓치게 되는 경우가 많습니다. 그런데 여기서 말하는 사나운 개는 대체 무엇일까요?

저에게 사나운 개는 '관성'입니다. 기존의 관습과 틀, 정해진 관념에서 벗어나지 못하고 그 안에 머무르려는 관성. 또는 자신의 이익을 위해 변화를 거부하거나 저항하는 힘. 이것은 변화와 혁신을 가로막고, 손님을 내쫓는 사나운 개나 다름없습니다. 30년 전, 우리나라 골프장 최초로 ARS(자동응답) 예약 시스템을 도입할 때도, 2016년 국내 회원제 코스 최초로 캐디 선택제를 도입할 때도, 골프는 18홀이라는 틀을 깨고 6홀 단위 24홀 골프장을 만들 때도, 혁신을 시도하는 길에는 언제나 관성이라는 사나운 개가 앞을 막아섰습니다. 불합리한 것을 합리적인 것으로 바꾸는 과정에는 늘 반작용이 따랐습니다. 익숙하고 편안한 것이라는 함정이 늘 도사리고 있었던 것입니다.

사람들이 이런 '관성'에 빠질 수밖에 없는 이유에 대해, 하버드 교육대학원의 로버트 케건(Robert Kegan)과 리사 라헤이(Lisa Lahey) 교수는 '경쟁적 커미트먼트(Competing Commitments)'라는 개념으로 설명했습니다. 경쟁적 커미트먼트란, 변화를 진지하게 받아들이고 노력하고자 하는 사람조차도 자신도 모르게 변화를 거부하는 방향으로 에너지를 쓰게 되는 심리적 작용을 말합니다. 즉, 사람들은 의도와 다르게 변화에 저항하는 행동을 하게 되는 심리적 이유를 가지고 있다는 것입니다. 하지만 이것은 단지 자신을 희생하지 않으려 하거나, 기득권을 지키려는 태도, 또는 게으름 때문이 아닙니다. '자신의 에너지를 가장 합리적으로 활용하려는 무의식적 선택'으로 볼 수 있습니다. 결국, 이는 위험을 회피하려는 무의식적인 결과로도 해석할 수 있습니다. 따라서, 조직적으로 변화를 추구하려면, 개인의 심리적 상태와 저항의 근본적인 이유를 들여다봐야 한다고 조언합니다.

사람들은 누구나 자신이 중요한 존재로 인정받길 바라고, 일의 성과를 통해 자신의 가치를 드러내고 싶어 합니다. 바로 여기에서 '관성의 딜레마'가 생깁니다. 기존의 익숙한 여건 속에서는, 자신의 가치를 드러낼 기회가 많지만, 이런 상황이 개선되면 자신이 할 일이 줄어들고, 결국 가치를 인정받기 어려워질 것이라는 두려움에 휩싸이는 것입니다. 한마디로, 사람들은 변화의 필요성과 방향성을 스스로 인식하고, 맡은 일에 책임을 다하려는 모범적인 자세를 지녔다고 하더라도, '변화' 앞에서는 기대와 다른 선택을 하게 되는 상황이 벌어지는 것입니다.

케건과 라헤이 교수는 변화를 이루기 위해 '경쟁적 커미트먼트'를 낮추는 것이 반드시 필요하다고 강조합니다. 구성원들이 스스로 질문을 던지고, 자신의 두려움을 직면하도록 돕는 것이 핵심입니다. 더는 자기 합리화에 머무르지 않고, 마음 깊은 곳에 숨겨진 진짜 이유를 마주 보게 해야 한다는 것이죠. 이를 위해, 구성원들과의 소통 과정에서 다음과 같은 질문을 활용하는 것이 중요합니다. 구성원들 스스로 자신에게 이런 질문을 던져봐도 좋습니다.

① 이 변화가 내 삶에 어떤 긍정적인 영향을 미칠 수 있을까?
변화의 긍정적인 측면을 떠올리면 두려움을 줄이고 새로운 기회를 발견할 수 있습니다.

② 변화를 두려워하는 이유는 무엇인가?
두려움의 근본 원인을 파악하면, 그에 대한 대처 방법을 찾아 더 나은 결정을 내릴 수 있습니다.

③ 이 변화가 이루어지지 않았을 때, 어떤 기회를 놓치게 될까?
변화가 없을 경우의 결과를 생각하면, 변화의 필요성을 인식하고 두려움을 극복하는 데 도움이 됩니다.

이런 질문을 스스로 받아들이고 무엇을 두려워하는지 알게 되는 순간, 비로소 변화의 씨앗이 싹틉니다. 변화와 혁신이 본인의 가치를 떨어뜨리는 것이 아니라, 앞으로 더 나아가게 하는 계기가 된다는 것을 깨닫게 될 것입니다. 변화에 대한 저항조차도 변화를 위한 과정 일부로 받아들이고, 구성원들 스스로 이를 믿게 만드는 것. 그것이야말로 관성이라는 '사나운 개'를 온순하게 길들이는 방법이 아닐지 생각해 봅니다.

☞
변화에 대한 두려움을 떨쳐내기 위해 꼭 던져야 할 질문 3가지
❶ 이 변화가 내 삶에 어떤 긍정적인 영향을 미칠 수 있을까?
❷ 변화를 두려워하는 이유는 무엇인가?
❸ 이 변화가 이루어지지 않았을 때, 어떤 기회를 놓치게 될까?

모두의
성장을 이끄는
리더의 조건

모두가 연결된 사회에서는
한 사람의 무능이
모두의 미래를 망칠 수 있다.

리더의 무능은 조직에
연쇄적인 악영향을 미친다.

'나부터 잘하는 것'이야말로
우리를 지키는 힘이 된다.

지금은 바야흐로 연결된 사회입니다. 코로나19를 통해 우리가 절절히 체감했듯, 전 세계인들은 밀접하게 연결되어 있습니다. 글로벌화와 IT의 발달로 인해 국가 간, 기업 간, 개인 간의 상호의존성이 무한대로 커졌고, 이는 서로의 삶에 막대한 영향을 끼치고 있습니다. 이기주의가 만연한 각자도생의 시대라 하지만, 결국 우리는 도미노와 같은 존재들입니다. 한 사람이 무너지면 차례로 무너질 수밖에 없습니다.

2024년 겨울, 우리는 '도미노의 악몽'을 혹독하게 경험했습니다. 국가 최고 지도자의 오판이 전 국민을 참담한 현실로 몰아넣을 수 있다는 것을, 두 눈으로 똑똑히 지켜봐야 했습니다. 전 국민이 사력을 다해 싸워야 했던 현실. 다시 떠올려도 아찔하지 않을 수 없습니다.

기업의 리더가 무능할 때도 마찬가지로, 그 결과는 참담하게 나타납니다. 2016년 초, 블루원 경영 3년 차에 접어들었을 무렵, 모기업의 자회사인 강원도 인제스피디움*의 수익 개선을 위해 구원 투수로 투입되었습니다. 인제스피디움은 2013년에 처음 문을 연 우

---

* **인제스피디움** 4성급 호텔 시설과 국제 수준의 테크니컬 서킷(FIA Grade2)을 갖춘 대한민국 최초의 복합 자동차 문화 공간. 국내 경기장 최초로 Grade2를 공인받았으며, F1 그랑프리를 제외한 모든 종류의 포뮬러와 스포츠카, 프로토타입 GT카 경기 등을 열 수 있는 자격을 갖추고 있다. 2020년부터 '한국을 대표하는 이색적인 지역 명소(Korea Unique Venue)'로 3년 연속 선정되는 등 강원도를 대표하는 랜드마크로서 가치를 인정받고 있으며, 2018년 평창동계올림픽 당시에는 북한 응원단을 성공적으로 유치하면서 남북 화합을 상징하는 명소로 전 세계의 관심을 받았다.

리나라 최초의 복합 자동차 문화 공간으로, 설립 당시부터 '모터스포츠의 성지'로 큰 관심을 받았습니다. 하지만 첫 단추부터 잘못 끼워진 탓일까요? 개장 이후 누적 적자가 약 2,700억 원에 달할 정도로 만성 적자에 시달리고 있었습니다. 도대체 어디서부터 잘못된 걸까요?

시간을 2008년으로 거슬러 올라가 보겠습니다. 강원도 인제군은 모기업 태영건설과 함께 '인제스피디움 관광지 조성 민간투자사업 실시협약'을 맺었습니다. 인제군의 새로운 랜드마크를 조성한다는 취지의 민간투자사업으로, 인제군이 땅을 제공하고 태영건설이 투자 및 건설을 맡는 구조였습니다. 태영건설은 48년간(초기 투자 30년 + 추가 18년) 소유권을 보유하며 사업을 운영할 수 있었지만 매년 임대료를 지급해야 했고, 2062년 계약 만기 시에는 땅과 시설을 인제군에 반환해야 한다는 조건이 붙어 있었습니다. 단순히 계산해 보아도, 이 사업은 수익성을 기대하기 어려운 구조였습니다. 초기 건설비만 2,400억 원이 투입되었고, 은행 이자를 5%로 가정할 경우, 연간 최소 150억 원의 순수 영업이익을 내야 겨우 본전을 맞출 수 있는 상황이었습니다. 게다가 강원도 인제군의 지리적 접근성 부족과 모터스포츠가 비인기종목이라는 점 등을 고려할 때, 현실적으로 가능한 사업이었을까 의문이 남습니다. 장기적으로 미래 잠재 가치를 본 투자라고 해도, 수익성 검증과 철저한 검토 과정이 필요했을 텐데 그런 과정이 제대로 이루어졌는지도 의

구심이 들었습니다. 무엇보다, 이런 초대형 장기 프로젝트를 임기가 정해져 있는 전문경영인이 주도했다는 사실도 놀라웠습니다.

밑 빠진 독에 물을 계속 붓는 상황이 지속되자, 적자 규모를 줄이기 위한 응급 수술이 절실해졌습니다. 제가 구원 투수로 나서면서 세간의 관심이 저에게 쏠렸습니다. 취임 소식이 알려지자마자, "구조조정을 위해 칼을 빼 들었다", "창업 회장님의 숙원 사업에 태클을 걸었다"는 등 부정적인 뉘앙스의 기사들이 쏟아져 나왔습니다. 마치 암 환자를 치료하러 온 의사가 무리한 수술을 감행하려 한다며 압박을 주는 느낌도 들었습니다. 그러나 언제나 그렇듯, 투명 경영을 원칙으로 현 상태를 개선하고 더 나아질 방향을 모색하며 문제를 찾아 해결하는 데 집중하기 시작했습니다. 상황을 보니 구조조정이 시급했습니다. 연간 약 200억 원의 손실을 기록하고 있는 회사에서, 고위급 관리직 임원의 비중이 지나치게 높은 구조가 문제였습니다. 생산성이 떨어지는 인원 구성부터 개편하는 체질 개선이 필요하다고 판단했습니다. 또한 무리한 투자는 잠정 보류했습니다. 개장 이후 계속해서 적자를 기록하는 상황에서 내실을 다지는 것이 최우선이었습니다. 수익성 개선도 시급했습니다. 월드 랠리 챔피언십(WRC)과 같은 세계적 행사를 유치한다면 좋겠지만, 현실 가능성을 고려하지 않은 맹목적 투자는 분명히 무리수였습니다. 인제스피디움도 골프장 홀이나 리조트 객실처럼, '트랙'이라는 공간을 이용 시간 단위로 빌려주는 사업입니다. 골프장에서 홀 단위로 판매하듯, 인제스피디움은 세션 단위로 주행권을 판매합니다. 골프장과 리조트 운영의 노하우를 살려 트랙을 더 효율적으로 나눠 판매하는 방안을 즉시 도입했습니다. 모터스포츠에 대한 대중적 관심을 높이기 위해 다양한 문화행사와 체험 이벤트도 확대했습니다.

한편으로 직원과 고객의 편의를 높이고 업무 효율성을 강화하기 위해 디지털 전환에도 적극적으로 나섰습니다. 그 대표적인 사례가 '서킷 라이선스' 온라인 교육 시스템을 도입한 것입니다. 서킷 라이선스란 트랙에서 안전하게 주행하기 위한 규정과 경기장 제반 규칙을 이해하고 습득했음을 인정하는 면허증을 말합니다. 그런데 제가 취임한 당시에는 서킷 라이선스를 취득하는 절차가 번거로웠습니다. 고객들이 인제스피디움에 방문하는 당일, 필기 교육 및 서킷에서 진행되는 실기 주행 교육까지 모두 이수해야만 했기 때문입니다. 고객들 입장에서는 물리적, 시간적, 심리적 부담이 클 수밖에 없었습니다.

이런 불편을 최소화하기 위해 과감히 도입한 것이 디지털 기반의 '온라인 교육 시스템'입니다. 현장에서 꼭 받아야 했던 필기 교육을 '온라인 교육 영상 시청'으로 대체한 것이죠. 덕분에 고객들은 자신이 원하는 장소에서 편한 시간에 온라인 이론 교육을 이수할 수 있게 되었습니다. 방문 당일 현장에서 '실기 주행 교육'만 받으면 쉽고 빠르게 라이선스를 발급받을 수 있었습니다. 덕분에 현장

잇적사고

에서 필기 교육을 담당했던 직원들의 업무 부담도 덜어줄 수 있었습니다. 이러한 노력의 결과로 단 1년 만에 연간 200억 원에 달하던 적자를 100억 원대로 줄이는 데 성공했습니다. 하지만 완전한 흑자 전환에는 이르지 못해, 인제스피디움은 여전히 제게 아픈 손가락으로 남아 있습니다. 저는 여전히 묻고 싶습니다. 기업을 돌이킬 수 없는 위기로 몰아넣은 CEO의 조급함과 근시안적 판단은 누구의 책임일까요? 단기적 성과에만 급급한 전문경영인의 잘못된 결정을 견제할 수 있는 시스템은 정말 없었던 걸까요?

리더의 무지, 무능, 무도는 모두에게 막대한 피해를 끼치는 사회악과 같습니다. 이는 각자의 자리에서 책임을 다하며 살아가는 사람들의 꿈과 희망을 빼앗아 가기 때문입니다. 특히 연결된 사회에서는 그 파급력이 커서 수많은 후유증을 남깁니다. 무지, 무능, 무도의 원인을 들여다보면 더 큰 서글픔이 밀려옵니다. 단순히 능력이 부족한 것도 문제지만, 사리사욕에 눈이 멀어 잘못된 선택과 판단을 내리는 경우에는 더 큰 분노를 일으킵니다. 메타인지와 자격도 없이 권한에만 집착하며 높은 자리를 차지하려는 이기적인 욕망은 환멸까지 불러일으킵니다.

그렇다면 이런 이기적인 사람들로부터 우리 사회를 지켜낼 힘은 무엇일까요? 국가 지도자를 잘 뽑으려면 정치에 관심을 두고, 선거에서 신중한 선택을 해야 합니다. 기업의 CEO가 바로 서도록 만들려면 현명한 소비를 실천해야 합니다. 기업은 결국 소비자의

인제스피디움

모터스포츠와 자연이 어우러진 복합 레저 공간.
인제스피디움은 강원도 인제에 위치한 국내 최초의 자동차 테마파크로,
3,908km 길이의 FIA Grade2 서킷과 다양한 체험 시설을 갖추고 있다.

www.speedium.co.kr

© 인제스피디움

선택을 따라갈 수밖에 없으니까요.

가장 중요한 것은 우리 각자 자기의 삶을 현명하고 올바르게 살아가는 것입니다. 적어도 나만큼은 다른 사람에게 피해를 주지 않는 삶을 살기 위해 노력해야 합니다. 나아가, 작은 노력이라도 선한 영향력을 더하려는 시도를 시작해 보세요. 소극적일지라도 이타적 가치관을 지닌 사람들이 하나둘씩 힘을 모을 때, 우리 사회에 긍정적인 에너지가 쌓이게 됩니다. 그렇게 우리가 원하는 방향으로 사회를 조금씩 움직여 나갈 수 있을 것입니다.

☞
내가 더 나아지고자 하는 노력이
우리를 함께 나아지게 합니다.

잇적사고

리스크를
기회로 바꾸는
지혜

모두가 찬성하는 길은 쉬운 길일 수 있으나,
반드시 올바른 길은 아니다.

반대와 질책에 감사하라.
그것이 결국 성장의 밑거름이 된다.

기업을 대표하는 총괄 경영 책임자가 가장 경계하고 두려워해야 할 일은 무엇일까요? 바로 CEO의 부정적인 이슈로 인해 기업 이미지에 치명상을 입히는 'CEO 리스크'일 것입니다. CEO 리스크에는 다양한 유형이 있습니다. 가장 심각한 경우는 CEO가 법적 문제에 연루되거나 윤리적 기준을 위반하는 상황입니다. ESG의 중요성이 강조되는 시대에, CEO의 법적 문제는 돌이킬 수 없는 위기를 초래할 수 있습니다. CEO의 갑작스러운 퇴임이나 해임도 문제가 될 수 있습니다. 스티브 잡스가 애플에서 퇴임했을 당시, 기업의 불확실성이 높아지며 큰 혼란이 발생했고, 기업 가치가 하락한 사례가 그 예입니다. CEO의 존재감이 지나치게 비대했던 것이 결국 CEO 리스크로 작용한 것이죠.

CEO의 사소한 언행이 기업에 위기를 초래하는 사례도 있습니다. 테슬라의 CEO이자 혁신적인 리더로 평가받는 일론 머스크는 트위터에 올린 발언으로 인해 기업 주가가 폭락하는 위기를 겪기도 했었죠. 그런데 이후 놀라운 반전이 일어나기도 했습니다. SNS를 즐겨 온 일론 머스크는 급기야 2022년 4월 직접 트위터를 인수하게 되었고, 가장 먼저 도널드 트럼프(당시 전 대통령)의 계정부터 복구했습니다. 당시 트럼프는 2020년 대선 결과에 불복해 2021년 발생한 '1·6 의사당 폭동'과 관련해 SNS 계정을 '영구 정지' 당했었는데, 일론 머스크가 이를 "바보 같은 조치"로 규정하며 계정을 복구해준 것입니다. 이 일을 계기로 두 사람 사이가 끈끈해졌던 걸까요. 2024년 도널드 트럼프가 다시 한번 대통령에 당선된 후 일론 머스크는 트럼프 2기 행정부의 막강한 실세가 되었습니다. 하지만 여전히 투자자들은 일론 머스크의 한 마디에 울고 웃을 수 밖에 없습니다.

우리나라에서 가장 흔히 발생하는 CEO 리스크는 바로 'CEO의 갑질' 문제입니다. 한때, 오너 일가 자제들이 CEO가 된 이후 보여준 책임감 결여, 특권 의식, 그리고 안하무인격 태도가 잇따라 드러나며 사회적 이슈로 떠오르기도 했습니다. 사건의 사실 관계를 떠나 CEO 갑질 리스크가 기업, CEO, 그리고 주요 투자자들에게 치명적인 위기를 초래해 왔다는 점은 부정할 수 없는 사실입니다.

안타깝게도, 저 또한 한때 '갑질 리스크'에 휘말린 적이 있었습니다. 2021년 여름, 워터파크 시즌의 일이었습니다. 당시 루나엑스 골프장과 테이크호텔 사업이 막바지에 이르러 거의 동시에 그랜드 오픈을 앞둔 시기였습니다. 수년간 진행해 온 두 사업의 종착점에 다다르면서 그 어느 때보다 바쁘게 보내고 있던 그때, 저의 갑질 논란이 기사화되었습니다. 핵심 내용은 제가 유튜브 채널 <공 때리는 언니, 누구나 골프> 콘텐츠를 제작하면서 직원들을 강제로 동원했다는 것이었습니다. 한 직원이 직장인들의 대나무 숲이라 불리는 '블라인드 앱'에 불만 글을 올린 것이 실마리가 되어 기사로 확대된 것입니다. MZ세대 골퍼들을 공략하기 위해 직원들과 함께 댄스 챌린지 영상을 촬영한 일이 문제가 됐습니다.

CEO의 직위 자체가 직원들에게 '암묵적 촬영 동의'를 압박할 수 있다는 사실을 간과하고, 직원 한 명 한 명의 마음을 세심히 살피지 못한 점에 대해 깊은 책임감을 느꼈습니다.

코로나19라는 위기 상황 속에서 젊은 세대의 언어로 골프장을 재미있게 홍보하고자 했던 시도가 오히려 직원들에게 상처를 주었다는 사실이 아팠습니다. 한편으로는 팬데믹이라는 어려움 속에서도 직원들의 성장을 돕고 함께 위기를 극복하고자 했던 그간의 노력이 '강요'와 '갑질'로 비칠 수 있다는 사실에 씁쓸한 마음도 들었습니다. 기업의 비전을 제시하고 구성원들이 한마음으로 그 비전을 향해 나아가게 하는 것이 무엇보다 중요하다고 여겨왔지만, 첫 단추부터 잘못 끼운 것은 아닌가 하는 자책감도 들었습니다. 디지털 경영 혁신을 위해 솔선수범하려 했던 저의 열정과 의지가 구성원들에게 제대로 전달되지 못하고 공감을 얻지 못했다는 점에서 깊은 반성을 하게 됐습니다.

다른 사람의 일이라고만 생각했던 '갑질 논란'의 주인공이 되었지만, 당시 제가 할 수 있는 일은 오로지 일에 전념하는 것이었습니다. 제 개인적인 감정은 중요하지 않았습니다. 당장 눈앞에 산적한 일들을 처리하는 것이 우선이었으니까요. 수년간 치열하게 준비해 온 루나엑스 골프장과 테이크호텔의 개장을 앞둔 시기로, 그 어느 때보다 CEO로서의 결정이 중요한 순간이 많았습니다. 매 순간 제일 나은 선택을 하기 위해서는 흔들림 없이 일에만 집중해야 했습니다. 다만 저로 인해 불거진 리스크가 기업 이미지에 타격을 주고 더 큰 피해를 초래해서는 안 되기에, 보도된 기사들에 대해서는 공식적인 루트를 통해 해명하며 사태를 마무리했습니다. 이후에는 직원들에게 갑질논란에 대해 미안하다는 사과의 마음을 전했습니다.

시간이 지나 당시 상황을 되짚어보니, 제가 무엇을 놓치고 있었는지 객관적으로 바라볼 수 있게 되었습니다. 가장 근본적인 문제는 CEO인 제가 직원들의 마음이 제 방향과 일치하고 있다고 확신했던 점이었습니다. 이는 명백히 저의 리더십 실패였습니다. 직원들이 스스로 기업을 위해 열정과 책임을 다할 수 있도록 동기를 부여하지 못한 점, 그리고 리더로서 확실한 비전을 제시하면 직원들이 자연스럽게 따라줄 것이라 믿었던 것이 가장 큰 실수의 요인이었습니다. 직원들과 소통하려는 노력을 기울였지만, 그것마저도 부족했다는 것을 깨달았습니다. 같은 방향으로 뛰지 않을 가능성이 있는 인재를 채용한 점 역시, 결국 저의 책임이었습니다. 채용 과정에서 그들의 의지와 기업의 비전을 충분히 맞춰보지 못한 저의 실수가 원인이었습니다.

이 사태를 계기로 '오답 노트'를 작성하며 오히려 다행이라는 생각이 들었습니다. 소리 없이 곪아가던 조직 문화의 상처를 적나라하게 마주하고, 뒤늦게나마 치료 방안을 모색할 기회가 되었기 때문입니다. 이러한 경험은 CEO로 있는 동안 잘못된 답을 지우고 새로운 해법을 찾으며 리더십의 버전을 1.0에서 2.0, 3.0으로 계속 업그레이드할 수 있는 원동력이 되었다고 확신합니다.

☞

리더는 완벽할 수 없습니다.
그러나 자신의 '부족함'을 겸허히 인정할 수 있어야 합니다.
그것이야말로 발전을 향해 나아가는 리더의 용감한 첫걸음입니다.

잇적사고

위기의
거대한 파도를
타고 넘어라

위기는 언제든 찾아올 수 있다는
사실을 인식하는 것이 중요하다.

자신의 부족함을 아는 것이
위기 극복의 첫걸음이다.

같은 위기를 반복하지 않으려면
지난 위기에서 얻은 교훈을
즉시 실천해야 한다.

우리에겐 '잃어버린 3년'이 있습니다. 2020년 초에 시작된 코로나19로 인해 모든 것이 멈춰버린 3년을 말합니다. 코로나19가 기승을 부리는 동안, 여행 및 레저 업계는 그야말로 개점휴업 상태에 빠질 수밖에 없었습니다. 고객이 발길을 끊으니, 직원들은 할 일이 눈에 띄게 줄었고, 일을 하고 싶어도 할 수 없는 상황이 지속되었습니다. 이는 우리가 한 번도 경험하지 못했던 극강의 위기였습니다.

경영계에서는 이런 위기를 '블랙 스완(Black Swan)'이라 부릅니다. 검은 백조라는 뜻을 지닌 블랙 스완은 일어날 가능성이 거의 없다고 여겨졌던 일이 실제로 발생하는 현상을 의미합니다. 미국 9.11 테러처럼 전혀 예기치 못한 변수로 인해 초래된 대규모 위기가 이에 속합니다. 코로나19 팬데믹 역시 전형적인 블랙 스완에 해당합니다. 이런 거대한 위기 앞에서, 한 조직을 이끄는 리더는 무엇을 할 수 있을까요? 위기라는 거대한 파도에 휩쓸리지 않고, 오히려 그 파도를 타고 넘는 방법이 과연 존재할까요?

팬데믹 당시, 날이 갈수록 무력감에 젖어 드는 직원들을 보며 무언가 생산적인 일이 필요하다고 느꼈습니다. 최우선 과제로 삼은 것은 직원들의 누적된 고충을 해결하는 일이었습니다. '넘어진 김에 쉬어간다'라는 마음으로, 평소 고객 응대에 밀려 외면할 수밖에 없었던 문제들을 이번 기회에 해결하기로 결심했습니다. 제가 직원들의 VOC(Voice of Customer)를 수집해 달라고 요청하자, 그동안

잇적사고

쌓여있던 수많은 고충과 불편 사항들이 하나둘 수면 위로 드러났습니다.

직원들의 VOC*

SVC 부모와 자녀의 성별이 다른 경우, 탈의실과 샤워실을 함께 사용할 수 없어 직원 호출이 빈번함

키 디자인 워터파크 폐장 후, 매일 2시간씩 라커 키를 분류하는 작업을 진행해야 함

배너 디자인 워터파크 반입 금지 물품 관련 규정에 대한 고객문의와 항의가 자주 발생

호실 안내 변경 프라이빗 콘도의 위치를 묻는 고객 문의가 빈번함

직원들이 스스로 찾아낸 '문제'를 자세히 들여다보니 그것은 곧 고객의 '어려움'이었습니다. 직원들의 VOC 리스트는 또 하나의 귀중한 오답 노트였습니다. 이를 바탕으로 각 문제에 대한 솔루션을 찾기 시작했습니다. 고객 문의와 요청이 많았던 부분은 새로운 서비스를 기획해 추가했고, 직원들에게 과중한 업무가 몰리는 부분은 시스템으로 보완할 방법을 마련했습니다. 특히 서비스업의 특

---

* **VOC (Voice of Customer)** 고객의 목소리. 이는 고객이 기업의 제품이나 서비스에 대해 남기는 의견, 불만, 제안 등을 포괄적으로 가리키는 용어. VOC는 고객 만족도를 높이고 서비스 품질을 개선하기 위한 핵심적인 자료로 활용된다.

성상 고객 안내 부족으로 발생하는 문제가 많았던 만큼, 고객과의 직접 소통을 통해 상세히 안내할 수 있는 체계를 구상했습니다. 결과적으로 직원들의 고충을 해결하는 과정이 곧 고객 감동을 실천하는 지름길이 되었습니다. 더불어 "직원이 편해야 고객이 감동한다"라는 평소 철학을 직접 눈으로 확인할 소중한 기회가 되기도 했습니다. 그뿐이 아닙니다. 코로나19 위기를 통해 국내 골프장 최초로 '드라이브 스루'를 이용한 비대면 체크인 서비스를 도입하는 등 우리 골프장만의 경쟁력을 확보함으로써 남들보다 빠르게 위기를 극복할 수 있었습니다.

코로나19와 같은 블랙 스완은 언제 또 닥칠지 알 수 없습니다. 다행히 전례 없는 위기를 겪으며 몇 가지 중요한 교훈을 얻을 수 있었습니다. ① 위기가 닥쳤을 때 즉각적으로 실행할 수 있는 비상 위험 관리 계획을 미리 준비해야 한다. ② 외부의 불확실한 요인들에 대해 끊임없이 주시하며 대비해야 한다. ③ 위기 상황이 발생하면 미리 대비해둔 시스템을 즉시 실행하며 부족한 점을 지속적으로 보완해 나간다. 이 모든 교훈을 실행에 옮겨 위기를 실패로 만들지 않는 유일한 방법은 위기에서 얻은 배움을 잊지 않고 신속히 적용해 나가는 것입니다.

☞

위기는 언제든 찾아 올 수 있습니다. 평소에 철저히 대비하고, 그 순간이 오면 기쁜 마음으로 맞이하십시오. 이럴 때를 위해 준비한 것입니다.

BUILDING
BLOCKS

고객의 니즈를
들여다보면
아이디어가
샘솟듯 쏟아집니다.

모든 서비스는
고객들에게 더 많은 선택지를
줄 수 있는 방향으로
진화해야 합니다.

3

I DO

**실행을 다짐하고
행한다**

깨달음은 변화의 시작점이 될 수 있지만,
그 자체로는 아무런 힘을 발휘하지 못합니다.
실행 없는 깨달음은 공허한 이론에 불과하며,
오히려 삶의 진전을 가로막는 걸림돌이 될 수도 있습니다.
깨달음을 행동으로 옮기는 것만이
진정한 성장과 변화를 이끄는 열쇠입니다.

아픔에 공감하고
불편에 움직여라

타인의 아픔에 공감하고 그 불편을 해결할 줄
아는 사람만이 세상을 바꿀 수 있습니다.

이타적인 행위는 타인을 위한 것처럼 보이지만,
결국 내 행복의 가장 깊은 근원이 됩니다.

잇적사고

골프와 레저업의 핵심은 서비스에 있습니다. 골프장, 워터파크, 리조트, 웨딩홀 등 모든 영역이 고객에게 직접적인 서비스를 제공하기 때문입니다. 그렇기에 고객들에게 최상의 서비스를 제공하려는 태도, 즉 서비스 마인드가 필수적입니다. 이 점을 직원들에게 끊임없이 강조해 온 이유도 여기에 있습니다. 그런데 과연 '고객 중심의 서비스 마인드'란 무엇일까요?

1990년대의 서비스 정신은 "손님이 왕이다"라는 한 문장으로 요약되었습니다. 손님이 있기에 기업이 존재하며, 소비자에게 선택받으려면 손님을 왕처럼 대우해야 한다는 철학이 기본이었습니다. 구매력을 가진 손님에게 기꺼이 '갑'의 자리를 내어주었던 시대였죠. 2000년대에 들어서면서 서비스 정신의 기조는 '고객 감동'으로 변했습니다. 고객의 니즈를 정확히 파악하고 충족시키는 것이 서비스 감동의 출발점이라는 인식이 자리 잡았던 것입니다. 이에 따라 소비자는 더 이상 군림하는 왕이 아니라, 우리가 감동하게 해야 할 소중한 대상으로 재정의되었습니다. 결국 경영이란 '고객을 어떻게 감동하게 할 것인가'에 대한 해답을 끊임없이 찾아 나가는 과정이라 할 수 있습니다.

30년 가까이 골프와 레저 업계에서 일하며 깨달은 점이 하나 있습니다. 고객을 감동하게 하는 서비스란 거창한 것이 아니라는 사실입니다. 그 시작은 고객이 우리 사업장을 아무런 불편 없이, 자신의 공간처럼 편안히 이용할 수 있게 돕는 데서 출발합니다. 예를 들어 제가 경주 리조트 사업을 맡은 직후 가장 중점적으로 추진한 일은 '비대면 스마트 체크인 서비스*'를 도입하는 것이었습니다. 이 서비스는 객실을 예약한 고객이 온라인으로 사전에 체크인 절차를 마치고 비대면으로 스마트 키를 받을 수 있게 하는 시스템입니다. 덕분에 고객은 여행 당일 현장에 도착하자마자 별도의 체크인 절차를 거치지 않아도 되고, 주차 등록도 미리 할 수 있어 시간과 수고를 덜 수 있게 되었습니다.

코로나19를 겪으며 비대면 서비스가 익숙해졌지만, 도입 당시만 해도 모두가 낯설게 느끼던 시스템이었습니다. 그런데도 제가이를 적극적으로 추진했던 이유는 단 하나였습니다. 고객들의 아픔에 공감하고, 불편을 해결해 주기 위해서였습니다. 잔뜩 기대에 부푼 마음으로 리조트에 도착했을 때, 프런트 앞에 길게 늘어선 줄을 마주한다면 얼마나 실망스러울까요? 주차 공간도 부족한데 복잡한 주차 등록 절차까지 겹친다면 짜증부터 날 수밖에 없겠죠. 이런 상황을 개선하고자 한 것이 바로 비대면 스마트 체크인의 도입이유였습니다.

작지만 누구나 느낄 수 있는 불편을 해결하는 것이야말로 고객감동의 출발점이라 생각했습니다. 문제를 해결할 때는 무엇보다고객의 입장에서 깊이 생각하는 것이 중요합니다. 예를 들어, 단순

---

* **비대면 스마트 체크인 시스템** 객실 예약 고객이 온라인에서 미리 체크인 절차를 완료한 뒤, 현장에서 비대면으로 스마트 키를 수령할 수 있도록 설계된 시스템

히 프런트 직원을 늘리거나 대기 공간을 만드는 식의 단편적인 접근이 아닌, 문제의 핵심을 파악하고 근본적인 해결책을 찾아야 한다고 판단했습니다. 프런트가 존재하는 한 고객들의 기다림은 계속될 것이고, 불편함의 싹은 사라지지 않을 게 분명했습니다. 그래서 IT 기술을 활용한 비대면 스마트 체크인이라는 답을 찾아냈고, 이를 통해 고객들로부터 칭찬 후기와 긍정적인 댓글 같은 뜨거운 호응을 얻을 수 있었습니다.

　고객을 감동하게 하는 일은 절대 쉽지 않습니다. 고객의 마음은 끊임없이 변하며, 때로는 고객 스스로도 자신의 니즈를 정확히 알지 못할 때가 많습니다. 고객도 미처 인식하지 못한 필요를 발견하고 해결하는 일에는 정해진 공식이 없습니다. 고객의 아픔에 진심으로 공감하며, 불편을 해소하기 위해 적극적으로 나서는 것. 고객이 기대한 것 이상으로 노력하고, 예상을 뛰어넘는 서비스를 제공하는 진심을 실천하는 것만이 고객 감동에 이르는 가장 확실한 길입니다.

☞
고객에게 듣고 싶은 말은 단순합니다.
"원래 이래야 하는 거 아니었어?", "왜 이제야 이런 게 생긴 거야?"
이런 좋은 서비스가 어떻게 만들어졌는지
아무도 알아주지 않아도 괜찮습니다.
그저 원래부터 있었던 것처럼 모두가 편안하게 누리고
그것이 세상의 새로운 기준이 된다면, 그것으로 충분합니다.

모두가 원하지만
세상에 없는 것

이 세상에 '원래 그런 것'은 없다.
'더 나아질 수 있는 것'만 있을 뿐이다.

혁신은 우연한 발상에서 시작된다.

골프장에서 30년 가까이 일하며 기존 골프의 수많은 '문제'를 발견했습니다. 골프는 누구나 평생 즐길 수 있는 매력적인 스포츠이지만, 틀에 박힌 규정과 관습으로 인해 여전히 일상 스포츠로 자리 잡지 못하고 있는 현실이 안타깝습니다. 실제로 골프는 아직도 높은 진입 장벽을 가지고 있습니다.

① 4인 1팀 예약
② 무조건 18홀
③ 무조건 캐디
④ 골프복 따로, 외출복 따로
⑤ 무조건 락커 & 샤워실 이용

고객은 스스로 원하든 원하지 않든 골프장이 결정해 준 대로 이용해야 합니다. 고객에게 별다른 선택지를 주지 않습니다. 골프는 원래 그런 스포츠라고들 말하지만, 세상 어디에도 원래 그런 건 아무것도 없습니다. 골프는 18홀이라는 공식도 처음부터 정해진 게 아니었습니다. 1853년의 일이죠. 골프 발전의 중심이자 골프 규칙을 제정하고 있는 R&A(The Royal and Ancient Golf Club of St Andrews)가 최초로 '원 라운드를 18홀로 하자'고 규정했습니다. 그전까지 원 라운드는 7홀부터 22홀까지 다양하게 운용되었습니다. 당시만 해도 골프 코스를 사람들이 직접 만든 것이 아니라 자연적으로 형성된 야생 상태의 코스였기 때문에 클럽마다 홀 수가 다른 것이 일반적인 일이었습니다. 알고 보면 '골프는 곧 18홀'이라는 규정도 사람들이 필요해서 만든 규정일 뿐, 시대적 흐름과 환경에 따라 얼마든지 개선할 수 있는 부분입니다.

요즘처럼 사람들의 라이프 스타일이 다양해지고 개개인의 체력과 여유 시간, 취향 등이 다른 시대에 굳이 골프는 꼭 18홀을 쳐야 한다는 공식을 애써 끌고 갈 필요가 없습니다. 라운드를 하려면 꼭 4인 1팀으로 다녀야 한다는 관습 또한 마찬가지입니다. 애초에 골프도 인원수 제약 없이 1인부터 자유롭게 칠 수 있었습니다. 외국의 경우 골프장이 워낙 많다 보니 인원수 제약이 필요 없지만 우리나라의 경우 골프장 수는 적고, 골프장을 이용하려는 사람은 많기 때문에, 어쩔 수 없이 팀을 짜야 했습니다. 되도록 같은 시간대에 많은 인원이 이용할 수 있도록 하기 위해서죠. 그렇게 골프장들이 최고의 효율을 거둘 수 있는 적정 인원수를 찾아낸 것이 4인 1팀으로 굳어진 겁니다. 욕심내서 5인 이상으로 팀을 꾸리면, 원 라운드 시간이 6시간 이상 길어지고, 각 플레이어의 대기 시간이 길어져 골프의 재미를 반감시킬 수 있기 때문입니다.

그런데 4인 1팀이 적정 인원이라는 것도 어디까지나 과거의 이야기일 뿐, 지금은 상황이 많이 달라졌습니다. 핵 개인화 시대에 접어든 요즘, 많은 사람이 '나 혼자 혹은 커플이나 부부'끼리 라운드하기를 원합니다. 시대가 변했으니, 골프의 관습도 바뀔 때가 된 겁니다. 그런데 이 모든 관습과 통념에서 벗어나려면 단순히 변화와 개선만으로는 부족했습니다. 우리나라 골프 문화의 완전한 새로고침이 필요하다고 생각했고, 완전히 새로운 방식의 골프장을 기획하게 되었습니다. 이것이 바로 신개념 골프장 루나엑스(LUNA-X)의 시작입니다.

루나엑스는 경북 경주시 천북면에 자리한 세계 최초의 6홀 단위 4개 코스를 갖춘 24홀 골프장입니다. 기존 골프장과는 달리 6홀이 끝날 때마다 클럽하우스로 돌아오는 독특한 구조로 설계되었습니다. 이런 참신한 발상의 결정적 실마리는 바로 '화장실' 문제에서 시작되었습니다. 기존 방식의 골프장들은 보통 5홀마다 화장실과 스낵 코너를 배치해, 1시간에서 1시간 30분마다 생리 현상을 해결할 수 있도록 설계합니다. 18홀 골프장의 경우, 코스 내에 3~4개의 화장실이 필요하고, 직원들은 이를 하루 3번 이상 돌며 청소와 관리를 해야 했습니다. 저는 이 과정에서 직원들의 부담을 덜어줄 방법을 고민했습니다. "이런 궂은 일로부터 직원들을 해방할 수는 없을까?"라는 생각에서 시작해, 코스 내 화장실을 과감히 없애는 방법을 연구하기에 이르렀습니다. 그러다 때마침 안용태 GMI 회장이 확신을 주어 6홀마다 클럽하우스로 회귀하는 코스 설계를 구현하기로 결심했습니다. 우연처럼 보였던 이 발상은, 사실 제가 오랫동안 찾아왔던 명확한 해답이었습니다.

6홀 단위의 루나엑스는 골퍼들에게 많은 자유를 허락합니다.

초보자나 체력이 약한 사람들은 6홀만 플레이할 수 있고, 반나절 골프를 즐기고 싶으면 12홀, 18홀로 부족할 땐 24홀까지 자유롭게 플레이할 수 있는 곳이죠. 6홀 플레이를 선택한다면 시간과 비용, 에너지를 1/3로 절약할 수 있습니다. 또한 꼭 4인 1팀이 아니라도 우리끼리 2, 3인 플레이를 하거나, 1인, 2인, 3인 조인 매칭으로 라운드를 즐길 수 있는 선택지도 열어주었습니다. 4인 1팀 플레이를 권장하되, 본인이 원할 경우 그린피와 카트 비용을 조금 더 부담하고 2~3인만 플레이를 하거나, 1인당 요금만 내고 4인 조인 플레이를 할 수 있도록 선택지를 넓힌 것입니다.

또한, 골프장과 골프 연습장을 연계한 '단돈 5만 원의 행복'과 같은 다양한 맞춤형 골프 서비스도 제공합니다. '심플 골프'라는 새로운 골프 문화도 제안했습니다. 심플 골프는 기존 골프의 허세와 거품을 과감히 덜어낸 방식으로, 골프 복장만 갖추고 가벼운 마음으로 방문할 수 있도록 한겁니다. 라운드에 필요한 물품만 챙기면 되고, 라커와 샤워실, 식사 등의 부가 서비스를 개개인의 선택에 맡겨 더 자유로운 이용 환경을 마련했습니다. 고객들이 원하는 니즈에 맞춰 다양한 상품과 서비스를 제공함으로써 기존 골프의 공식을 완전히 깨버린 것입니다. 제가 루나엑스를 통해 새롭게 제시하고 싶었던 비전은 누구나 골프장 주인이 되어 마음껏 골프를 즐길 수 있는 골프장을 만드는 것이었기 때문입니다.

2021년 10월 15일, 새로운 골프를 꿈꿔온 많은 이들의 기대와 설렘 속에서 루나엑스가 탄생했습니다. 모두가 원했지만, 세상에 없었던 단 하나의 골프장이 문을 연 순간이었죠. 변화를 넘어선 진정한 혁신, 문샷 싱킹*을 통해서 가능했던 일이었습니다.

우리 주변에는 여전히 모두가 꿈꾸지만, 세상에 없는 것이 많습니다. 대부분은 한발 앞서 도전하는 이들에 의해 발견되고 창조됩니다. 그 무궁무진한 기회를 잡는 주인공이 되고 싶다면 방법은 하나입니다. 현실에 안주하지 않고 반드시 더 나은 길이 존재한다는 믿음을 가지고 끊임없이 나아가는 것. 그 길의 끝에는 마침내 내가 꿈꿔온 멋진 결과가 기다리고 있을 것입니다.

☞

혁신이란 단순히 물줄기의
속도를 빠르게 하는 것이 아닙니다.
그보다 중요한 것은 비전에 맞추어
물줄기의 방향 자체를 돌리는 것입니다.

* **문샷 싱킹 (Moonshot Thinking)** 달표면 관찰을 위해 망원경 성능을 개선하려는 기존 방식에서 벗어나, 아예 달에 가는 방법을 찾아낸 인류의 혁신적 사고 방식

BUILDING
BLOCKS

30년 가까이
골프·레저 업계에서 일하며 깨달은 한 가지.

"골프부터 바꿔야 해."

낡아빠진 관습,
거품 가득한 허세,
기득권의 이기심으로 문턱만 높아진 골프 …

누구나, 평생, 즐겁게
골프를 즐길 수 있도록

잇적사고

사소한 것 하나라도 평등하게,
작은 것 하나라도 투명하게,
골프장 주인의 자리를
고객에게 돌려주는 일

불합리하고 비효율적인 것들을
바꾸는 일

고객과 직원의 시간·비용·에너지를
아껴주는 일

이것이야말로
제가 원하는 혁신이었습니다.

끝내 멋진
결과를 이뤄내는 힘

자신이 원하는 목적을 가장 빠르게 달성하려면
'Z to A' 사고가 필요하다.

목적은 내가 실현하고자 하는 일의 지향점이고,
목표는 그 목적을 이루기 위한
구체적인 실행 방안이다.

목적을 명확히 정한 후, 구체적인 실행 방안을
계획하고 우선순위에 따라
꾸준히 실천하는 습관을 지녀야 한다.

잇적사고

미국 메이저리그에서 새로운 신화를 쓰고 있는 야구 천재 오타니 쇼헤이 선수는 17살 때부터 '만다라트 계획표'를 꾸준히 작성하고 실천해 온 것으로 유명합니다. 만다라트 기법(Mandalart)은 일본의 디자이너 이마이즈미 히로아키가 개발한 발상 기법으로, 목표를 달성하기 위한 기술로 잘 알려져 있습니다. 만다라트 계획표는 목표 설정과 달성을 돕기 위한 시각적 도구입니다. 가장 핵심적인 목표를 정중앙에 적고, 그 목표를 이루기 위한 세부 실천 방안들을 우선순위대로 주변에 적어두고 꾸준히 실행하는 방식이죠. 오타니 쇼헤이 선수는 이를 꾸준히 실천한 결과, 어린 나이에 누구도 따라올 수 없는 야구 일인자로 우뚝 섰습니다. 그는 자신이 목표하는 바를 정확히 알고, 그것을 향해 매일 한 걸음씩 나아가는 것이 얼마나 폭발적인 성과를 가져오는지 몸소 증명해 보였습니다.

오타니 선수의 만다라트 기법은 저의 경영 철학인 'Z to A'와 맞닿아 있습니다. 'Z to A'란 내가 이루고자 하는 목적을 분명히 하고, 그에 따라 실행 목표를 정한 후 추진력 있게 이뤄나가는 것을 뜻합니다. 오타니 선수가 만다라트 표의 정중앙에 적어둔 핵심 목적이 곧 Z에 해당합니다. 그런데 여기서 한 가지 구분해야 할 것이 있습니다. 바로 '목표'와 '목적'은 엄연히 다르다는 것입니다. 목적은 내가 실현하고자 하는 일의 지향점이고, 목표는 설정된 목적에 도달하기 위해 실천해야 하는 구체적인 방안입니다. 목적이 명확

FUTURE
미래

NOW
현재

Z to A

목적

목표

내가 실현하고자 하는
일의 지향점

설정된 목적을 이루기 위한
구체적 실행점

하다면 목표는 상황 변화에 따라 플랜B, 플랜C로 전환될 수 있습니다.

목적 내가 실현하고자 하는 일의 지향점
목표 설정된 목적에 도달하기 위해 실천해야 하는 구체적인 실행점

목적이 우리가 바라봐야 할 큰 그림, 즉 숲에 해당한다면, 목표는 그 숲을 이루는 나무들을 뜻합니다. 목적이 방향이자 전략이라면, 목표는 방법이자 전술에 해당하는 것이죠. 자칫 목적과 목표를 혼동하면 큰 숲에서 길을 잃고 엉뚱한 방향으로 나아갈 수 있기 때문에, 명확한 구분이 필요합니다.

루나엑스 경영 초기, 제가 설정한 목적은 누구나 '골프장 주인'처럼 골프를 자유롭게 즐길 수 있는 곳을 만드는 것이었습니다. 루나엑스를 찾는 사람들이라면 누구나 골프장 주인이 된 듯, 그 어떤 제약도 받지 않고 자유롭게 골프를 칠 수 있는 서비스를 제공하겠다는 방향성을 정한 것이죠. 그리고 Z를 이루어가는 과정에서 우리가 도달해야 할 목표 A를 '오픈 즉시 예약 타임 완판'으로 설정했습니다. 왜냐하면 내 골프장처럼 편하고 좋으면 당연히 더 자주 방문하고 싶어질테니까요. Z를 명확하게 설정하고 나니, 완판을 위해 우리가 먼저 해야 할 일들이 정해졌습니다.

첫째, 골프 복장으로 양손 가볍게 올 수 있는 '심플 골프*' 문화

를 정착시키는 것입니다.

둘째, 내가 원하는 날짜, 시간, 비용에 맞게 라운드를 즐길 수 있는 시스템을 만드는 것입니다.

셋째, 꼭 4인 1팀이 아니더라도, 가까운 사람끼리 오붓하게 2~3인 플레이를 즐기거나, 1, 2, 3인 모두 안심하고 조인 라운드를 할 수 있도록 매칭하는 것입니다.

이 모든 구체적인 실행 방안의 핵심은 단 한 가지입니다. 자신의 라이프 스타일에 따라 원하는 대로 '커스텀 골프'를 즐길 수 있도록 다양한 선택지를 제공하는 것입니다. 다른 골프장에서는 경험할 수 없는 서비스를 루나엑스에서만 제공한다면, 더 많은 고객이 찐팬이 되어 찾아올 것이고, '오픈 즉시 예약 타임 완판'을 달성하는 것은 시간문제라고 확신했습니다.

	Z to A 적용 방법		
Case	Z 목적, 미래, 꿈, 비전	to ------------>	A 목표, 현재
블루원	누구나 골프장의 주인	목적을 먼저 정한 뒤 구체적인 실행 방안을 역순으로 계획해서 꼼꼼히 실천하기	예약 오픈 즉시 완판을 부르는 혜택
기독교	자유		순종
불교	깨달음		수행

* **심플 골프** 라운드 룩 차림으로 방문해 보관함과 샤워실을 이용하지 않고 간편하게 라운드를 즐기는 골프 문화

그런데 만약 여기서 'Z to A'가 아닌 'A to Z' 방식으로 일을 하게 되면 어떤 차이가 날까요? 우리가 궁극적으로 이루어야 할 Z(모든 이의 골프 니즈 해결)는 뒷전으로 밀려나고, A 즉 '오픈 즉시 예약 타임 완판'에만 집중하게 됩니다. 목적은 잊은 채, 어떻게든 더 빨리, 더 많이 판매하기 위해 가격을 낮추거나 각종 혜택을 늘리는 등 엉뚱한 방향으로 나아가기 쉽습니다. 결국 빠른 판매라는 눈앞의 이익만 따라가다가 '가격 파괴'의 늪에 빠져 정작 본래의 목적을 잊고 스스로 생존 위기를 자초하는 악수를 두게 되는 것입니다. 같은 목적과 목표를 설정했다고 하더라도, 어떻게 실행해 나가느냐에 따라 결과는 완전히 달라질 수 있습니다.

목적이 분명하게 정해지면, 지금 당장 해야 할 일들의 우선순위가 생깁니다. 그것을 하나씩 차근차근 시도하다 보면, 어느새 내가 이루고자 했던 목표에 도달해 있는 자신을 발견하게 될 겁니다. 혹시 원하는 결과가 나오지 않거나 시행착오를 겪더라도 문제없습니다. 내가 내 인생의 주인공으로 살아가고 있다면, 삶의 목적에 따라 구체적인 목표는 얼마든지 수정할 수 있으니까요.

중요한 것은 끝내 멋진 결과를 이뤄내는 Z to A 사고로, 매일 더 나은 자신을 가꾸어 나가는 일입니다. 이것이야말로 걱정 없이 행복한 인생을 향해 나아가는 가장 빠른 방법이라고 자신합니다. 오늘 당장 무엇을 시작해야 할지 모르겠다면, 혹은 그 어떤 것에도 도전할 용기가 생기지 않는다면, '내 인생의 목적은 무엇인가?'부터 진지하게 고민해보세요. 목적을 세우는 순간, 수많은 목표가 생겨나 여러분을 성공으로 이끌어 줄 것입니다.

☞

많은 사람이 프로젝트를 수행할 때 습관처럼 A에서 Z로 갑니다.
지금 당장 하기 쉽고 내가 잘하는 것부터 조급하게 시작하는 겁니다.
우리가 최종적으로 달려가야 하는 방향성을 잃고
반대로 달리고 있는 건 아닌지 돌아보세요.
우리가 무엇을 하고자 하는지 목적부터 잘 정해놓은 다음 거꾸로 와야
지금 당장 해야 할 일이 제대로 선택될 수 있습니다.
저의 인생 철학이기도 하죠.

잇적사고

고객이 진짜로
원하는 것에 대한
고찰

'어떻게 하면 모두가 행복할 수 있을까'에
대한 답을 찾는 것이 혁신의 시작이다.

익숙한 방법은 편리하지만, 감동을 줄 수는 없다.

2014년 여름, 블루원 CEO로 취임한 후 큰 고민 중 하나는 워터파크였습니다. 당시 1년 내내 워터파크를 운영하고 있었지만, 아무리 생각해도 손해 보는 장사처럼 보였습니다. 여름철 더위가 극성을 부릴 때만 손님이 몰릴 뿐, 나머지 시즌에는 사실상 개점휴업 상태였기 때문입니다. 특히 가을과 겨울 시즌에는 실내 워터파크만 운영했는데, 난방비조차 제대로 충당할 수 있을까 싶을 정도로 상황이 어려웠습니다. '시설과 공간을 놀리느니 영업을 계속하는 것이 나을까?' 하는 고민도 잠시 해봤지만, 답은 이미 정해져 있었습니다. ESG 경영적 관점에서 볼 때, 여름철에만 한시적으로 운영하는 것이 더 경제적일 뿐 아니라, 물과 에너지를 낭비하지 않아 지구 환경에도 도움이 된다고 판단한 것이죠. 대신 여름 시즌에 더 경쟁력 있는 서비스를 제공하고 공격적인 마케팅으로 승부를 보자는 방향으로 크게 방침을 정하고, 구성원들에게 구체적인 지침을 전달했습니다.

'보호자들도 좋아하는 워터파크를 만들어보자!' 저도 아이를 키워본 입장에서, 보호자들에게 워터파크는 '재미있고 신나는 놀이터'라기보다는 고난과 힘겨움의 공간일 확률이 높다는 것을 잘 알고 있었습니다. 온 가족이 워터파크에 가기로 마음먹는 순간부터 챙겨야 할 짐이 어마어마합니다. 수영복, 수영 모자, 수건은 기본이고, 각종 물놀이용품과 간식거리까지 준비하다 보면 아이들 숫자만큼 짐이 몇 배로 늘어나죠. 워터파크에 도착하면 입장할 때부터 짐을 나르는 게 일이 되고, 줄을 서는 것도 고역입니다. 물놀이하는 아이들이 혹시나 다치기라도 할까 봐 끊임없이 따라다니며 신경 써야 하니 체력 소모도 만만치 않습니다. 결국 워터파크는 보호자들의 희생을 담보로 아이들의 행복을 얻는 공간이라는 생각이 들었습니다. 저는 바로 이 문제를 해결하고자 했습니다. 다른 워터파크와는 확실히 차별화된 서비스를 통해 보호자들도 만족할 수 있는 공간을 만들어보고 싶었습니다.

워터파크 업무를 담당하는 직원들은 경쟁사들의 홍보 전략을 분석하며 '어떻게 하면 그들보다 우위에 설 수 있을지' 전략을 마련하기 시작했습니다. 어떤 참신한 아이디어들이 모일지 기대가 됐습니다. 하지만 얼마 후, '워터파크 전략 방안 보고'를 받던 날 크게 실망하고 말았습니다. 우리 고객들에게 기존 워터파크보다 더 나은 서비스를 제공할 실질적인 '전략'은 보이지 않았습니다. 대신, '어떻게 하면 입장권 가격을 더 저렴하게 보이게 할까'라는 '꼼수'에만 집중하고 있었습니다. 직원들은 판매 사이트에 표시되는 티켓 한 장의 가격을 최대한 낮추는 데만 초점을 맞추고 있었습니다. '보호자가 좋아하는 워터파크를 만들자'라는 미션도 단순히 '보호자와 아이가 함께할 수 있는 체험 프로그램을 만드는 것'으로만 접근하고 있었습니다. 그러나 이는 매년 반복되어 온 여러 시도 중하나에 불과했습니다. 저는 직원들이 철저히 고객의 관점에서 미션을 해석하고 실현해 주길 바랐지만, 결과적으로 실패하고 말았습니다. 워터파크는 골프장과 달리 누구나 쉽게 경험할 수 있는 공간이기에 고객의 입장에서 생각하고 원하는 서비스를 찾아내는 일이 비교적 쉬울 것이라 예상했건만, '기존 방식대로 일하는 관성적 태도'를 벗어나 새로운 발상을 하는 것이 결코 쉬운 일이 아니었나 봅니다.

그래서 떠올린 아이디어가 바로 '올인클루시브(All-inclusive)'였습니다. 이 개념은 1960년대 초 카리브해 지역 리조트에서 처음 도입된 것으로, 관광객을 유치하기 위해 숙박, 식사, 음료 등 모든 서비스를 하나의 패키지로 제공하는 것입니다. 바하마와 같은 북대서양에 있는 섬나라 등지에서 개발된 이 모델은 이후 전 세계 호텔과 리조트의 대표적인 서비스로 자리 잡았습니다. 바로 이 '올인클루시브' 개념을 워터파크에 적용해보기로 한 것이죠. 워터파크 입장권에 식사, 구명조끼, 아이들을 위한 체험거리까지 포함한 올인클루시브 상품으로 구성한다면 보호자들의 고민과 부담을 크게 덜어줄 수 있을 거라고 판단했습니다. 또한 가격 정책에도 변화를 주기로 했습니다. 기존에는 골드 시즌에는 요일과 관계없이 동일한 요금이었지만 요일별로 입장 고객 수에 차이가 큰 상황에서 같은 가격을 받는 것이 비합리적이라고 느꼈기 때문입니다. 그래서 요일에 따라 요금을 차등화하는 방식을 도입했습니다. 상대적으로 입장 고객이 적은 날에는 더 저렴한 가격을 제공하고, 고객이 몰리는 날에는 확연히 더 높은 요금을 책정하는 방식입니다. 마치 항공

권처럼 동일한 서비스라도 시간과 요일에 따라 요금을 조정한 것입니다. 이는 골프장에서 도입했던 가격 다양화 정책을 워터파크에 적용한 사례로, 이러한 요금 정책은 고객 흐름을 자연스럽게 분산시키는 효과를 냅니다. 덕분에 고객들은 더 저렴한 요금으로 한층 쾌적한 환경에서 물놀이를 즐길 수 있게 되었습니다.

올인클루시브야말로 보호자들의 시간, 비용, 수고를 절약할 수 있는 최적의 서비스라고 판단해 제가 직접 담당자들에게 제안했습니다. 하지만 예상과는 달리 직원들의 강한 반대에 부딪혔습니다. 올인클루시브 적용 시 판매 사이트에 노출되는 가격이 경쟁사보다 훨씬 높아져 가격 경쟁력에서 뒤처질 수 있다는 우려가 컸습니다. 게다가 식사를 포함할 경우, 가격을 낮춰야만 전체 금액이 부담스럽지 않아 보일 텐데, 이는 입점을 원하는 식당 업체를 모집하기 어려워질 수 있다는 등의 문제점이 잇따라 제기되었습니다.

현장의 의견을 경청하며 다시 고민해 보았지만, 결론은 여전히 올인클루시브 도입으로 기울었습니다. 비록 처음에는 올인클루시브라는 개념이 낯설게 느껴질 수 있겠지만, 고객과 직원 모두에게 편리함을 가져다줄 수 있다는 확신이 있었기 때문입니다. 무엇보다 반대 의견 대부분은 직원들이 일하는 방식을 바꿔야 한다는 부담감에서 비롯된 것으로 보였습니다. 사실 일하는 방식을 조금만 바꾸면 더 쉬워지고 효율적으로 일할 수 있을 텐데, 익숙한 방식을 고수하려는 관성적 태도가 자꾸 발목을 잡는 것처럼 느껴졌습니다.

물론 변화를 이루는 일은 절대 쉽지 않았습니다. 올인클루시브를 도입하려면 워터파크의 운영 방식을 근본적으로 수정해야 했습니다. 예약부터 결제, 입장 절차, 내부 시설 운영까지 전반적인 시스템을 새롭게 설계해야 했으며, 마케팅 전략 또한 완전히 재구성해야 했습니다. 식당 운영 방식도 외부 업체 의존에서 내부 직영 체제로 전환해야 했죠. 이 과정에서 수많은 시행착오와 어려움이 뒤따랐습니다. 하지만 고객 감동과 직원 만족을 실현하기 위한 경쟁력 있는 서비스는 결국 익숙함이라는 관성을 뛰어넘을 때 비로소 가능하다는 것을 누구보다 잘 알고 있었습니다. 이러한 믿음으로 끝까지 저의 뜻을 관철했고, 결국 직원들 또한 이를 적극 수용하며 변화에 동참해 나갔습니다.

결과는 기대 이상이었습니다. 올인클루시브 도입 이후 고객들의 반응은 놀라움을 넘어 감동 그 자체였습니다. "가성비가 좋다", "줄 서서 기다릴 필요가 없어 좋다", "짐 걱정 없이 아이들과 행복한 시간을 보냈다"라는 찬사가 이어졌고, '내돈내산' 후기에서도 고객들의 진솔한 감동이 드러났습니다. 가장 기억에 남는 것은 "내년에도 꼭 올인클루시브 서비스를 유지해달라"는 요청이었습니다.

기업들이 고객 만족을 통해 바라는 궁극적인 목표는 재방문입니다. 고객들에게 '다시 찾고 싶은 워터파크'라는 이미지를 남겼다면 이미 절반의 성공은 이루어낸 셈입니다. 우리가 우려했던 것과 달리, 고객들은 올인클루시브의 장점을 빠르게 이해하고 충분히

워터파크 올인클루시브의 장점	
ALL FREE 가성비&가심비	• 식사, 구명조끼, 아이들 체험거리 한번에 해결 → 입장권 외 개별 항목 결제로 인한 추가 비용 최소화
WORRY FREE 대기 시간 단축	• 구명조끼 렌털 1) 방문 전 자신의 조끼 사이즈를 미리 체크! → 대기없이 셀프 렌털 할 수 있도록 사전 안내 강화 2) 현장에서 찾기 쉽도록 안내판과 정리 시스템 마련 • 식사 1) 메뉴별 배식 식당 분리 → 메뉴 사전 결정으로 대기 시간 절약 2) 팔찌 형태의 식사권으로 간편 결제 → 결제 시간 단축
HANDS FREE 양손을 가볍게	• 구명조끼 렌털 포함 → 식구 수대로 챙길 필요 X • 티켓에 식사가 기본적으로 포함 → 별도 도시락 챙길 필요 X

즐겼습니다. 포털 사이트에서 '블루원 워터파크', '블루원 올인클루시브', '블루원 올인티켓' 등의 검색량이 전년 대비 많이 증가했으며, 경쟁사 대비 압도적인 수치를 기록한 점도 고무적이었습니다. 시장 점유율에서도 경쟁사를 뛰어넘어 확실한 우위를 점하며 성공적인 결과를 증명해 냈습니다.

얼마 후 직원들로부터 웃어야 할지 울어야 할지 모를 이야기를 들었습니다. 올인클루시브 도입이 확정되던 날, 워터파크 담당 직원들이 한자리에 모여 서로 부둥켜안고 이렇게 말했다는 겁니다.

"올해 우리 워터파크는 이제 망했어."

하지만 그건 사실이 아니었습니다. 우리의 워터파크는 망하지 않았고, 오히려 더 큰 도약을 이뤄냈습니다. 만약 그때 함께 변화를 선택하지 않았다면 어땠을까요? 아마 진짜 망했을지도 모릅니다. 조용히 스며드는 '관성'이라는 위기에 갇혀서 말입니다.

☞

"우리도 변하고 세상도 변하는데 우리 회사는 왜 변하지 않습니까?"
이렇게 말해줄 용기 있는 직원을 기다리고 있습니다.

**BUILDING
BLOCKS**

현장에서 일하는 직원이
대표입니다.

회사를 대표해서
고객을 만나니까
대표 아닐까요?

우리 모두는 대표입니다.

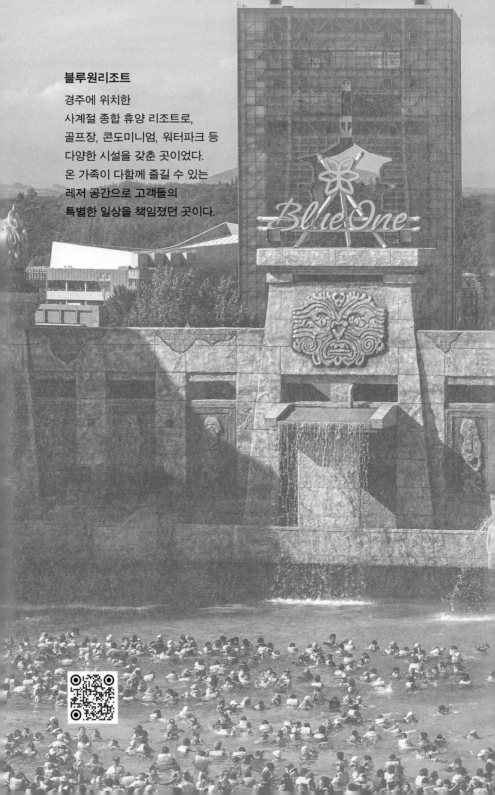

블루원리조트
경주에 위치한
사계절 종합 휴양 리조트로,
골프장, 콘도미니엄, 워터파크 등
다양한 시설을 갖춘 곳이었다.
온 가족이 다함께 즐길 수 있는
레저 공간으로 고객들의
특별한 일상을 책임졌던 곳이다.

어려운 결정을
쉽게 내리는 기술

결정에서 실패를 줄이는 가장 효과적인 방법은
자신만의 확고한 철학을 바탕으로 우선순위를
명확히 설정하는 것입니다.

CEO의 우선순위는 '기업, 직원, 그리고 고객이
함께 성장할 수 있느냐'에 초점을 맞춰야 합니다.

모든 결정을 내릴 때 '이타심'을 기준으로 삼으면
실패할 가능성은 현저히 낮아집니다.

모든 실행에는 결정의 고통이 따릅니다. 특히 기업을 책임지는 CEO에게 결정의 무게는 더욱 무겁고, 그 중요성은 말할 것도 없습니다. CEO의 업무를 한마디로 요약하자면 '최종 결정 & 책임'이라고 해도 과언이 아닙니다. CEO가 내린 결정은 기업의 방향성과 성과에 직접적으로 영향을 미칩니다. 투자 규모가 큰 결정일수록 기업의 미래와 운명을 좌우할 수도 있습니다. 하지만 우리는 모두 알고 있습니다. 매번 실패 없는 결정을 내리는 것은 불가능하다는 사실을요. 그렇기에 결정의 순간마다 실패에 대한 두려움을 이겨내야 합니다. 그렇다면 어떻게 하면 후회 없는 결정을 내릴 수 있을까요? 또한, 결정을 잘하기 위해 고려해야 할 핵심 가치는 무엇일까요? 이 질문들은 모든 리더가 마주하는 고민이며, 그 답은 각자의 철학과 경험에서 비롯될 것입니다.

블루원에 취임한 후 큰 결정의 갈림길에 서야 했던 적이 있습니다. 2014년 무렵, 경주 사업장에서는 여름 성수기마다 워터파크를 찾는 물놀이객들로 인해 주차 문제가 심각하게 대두되고 있었습니다. 하루 최대 1만 5천여 명이 몰려오다 보니 기존 주차 시설만으로는 감당하기 어려운 상황이었습니다. 주차가 어려운 탓에 고객들은 워터파크 개장 2시간 전부터 줄을 서야 했고, 방문 첫 시작부터 불편함을 겪어야 했습니다. 하지만 1년에 2~3개월만 운영되는 워터파크를 위해 막대한 비용을 들여 주차 시설을 확충하는 것도 현실적으로 어려운 일이었습니다. 결국 사무직 직원들에게 여름 성수기 시즌 동안 주차 지원 업무를 추가로 맡기는 방식으로 문제를 해결해 왔습니다. 하지만 이런 임시방편적인 방식이 과연 제일 나은 선택이었을까요? 고민은 깊어졌습니다.

"투자 비용을 절감하며 현재의 방식으로 버틸 것이냐" vs. "주차 시설을 확충해 고객 경험과 직원 만족도를 동시에 개선할 것이냐". 이 두 가지 선택지는 단순히 비용 문제가 아니라, 기업의 가치와 비전을 어떻게 설정하느냐에 달린 고민이었습니다. 투자비 대비 이윤만을 따진다면 비용을 절감하는 쪽이 합리적인 선택처럼 보일 수도 있었습니다. 하지만 제 생각은 달랐습니다. 저의 오랜 경영 철학 중 하나는 "고객은 곧 직원이고, 직원은 곧 고객이다"입니다. 직원이 불편하면 고객도 불편해지고, 고객이 불편하면 직원도 그 불편함을 고스란히 감당해야 합니다.

생각해 보세요. 주차 지원 업무까지 떠맡아 폭염에 지친 사무직 직원들이 과연 고객 서비스에 진심을 담을 수 있을까요? 백 번을 고민해도 워터파크 주차 문제는 근본적으로 다른 해결책이 필요해 보였습니다. 그래서 제가 찾은 답은 단순한 주차 시설을 넘어선 주차 타워였습니다. 이는 단순히 주차만을 위한 건물이 아니라, 주차를 중심으로 한 복합문화시설로 설계된 새로운 개념의 공간이었습니다. 단순히 주차만을 위한 시설을 확충하는 것은 가성비가 떨어지는 선택처럼 보일 수도 있었습니다. 하지만 주차 공간에 우리 기업에서만 경험할 수 있는 문화적 가치를 더한다면 이는 단순한 비용이 아닌 전략적 투자로 전환될 수 있다는 확신이 들었습니다. '주차 타워가 어떤 모습일지 궁금해서 사람들이 찾아오는 곳', 더 나아가 '경주의 랜드마크로 자리잡을 만한 주차 타워'를 만든다면 충분히 승산이 있을 거로 생각했습니다.

새로운 주차 타워를 구상하던 중 『P31』이라는 책을 접했습니다. 세계적 건축 설계 회사 '팀하스(Tim Haahs)'의 하형록 회장이 성경 잠언 31장을 바탕으로 경영해 온 이야기가 담긴 책입니다. 하형록 회장은 전 오바마 정부 건축 자문위원이자, 미국 내 4천 개 첨단 주차 타워를 설계한 인물입니다. 우리나라에서는 주차 타워를 낭비로 보는 경향이 있지만, 미국은 건축 시 주차 타워를 우선적으로 고려하는 문화가 있습니다. 화려한 외관보다 안전하고 쾌적한 주차 타워를 중시하는 그들의 접근법이 깊은 인상을 남겼습니다.

"어려운 이들을 돕기 위해 존재한다"라는 하형록 회장의 경영 철학 아래, 매일 고객을 위해 한 걸음 더 나아가자는 엑스트라 마일을 실천하고 있다는 점이 무척 인상 깊었습니다. 기업 이윤을 넘어 보편적 가치를 비전으로 삼고 철저히 고객 중심의 경영을 실천한다는 점에서 저와 비슷한 결을 느낄 수 있었죠. 무엇보다도 반가웠던 것은, 하형록 회장이야말로 제가 꿈꾸는 주차 타워를 현실로 만들어줄 최적의 인물이라는 확신이 들었기 때문입니다. '미국 주차 빌딩의 혁신가'라 불리는 그는 스물아홉 살의 나이에 미국 최고의 주차 빌딩 건축 설계 회사인 '워커스'에 입사해 중역 자리에 올랐고, 이후 자신만의 회사 팀하스를 설립해 미국 전역에 주차 타워를 건축해 왔습니다. 그는 기존의 주차 공간에 대한 고정관념을 깨고, '주차 복합문화공간'이라는 새로운 개념을 널리 알리며 혁신을 이루어냈습니다.

저는 마치 행운의 기회를 만난 듯한 기쁜 마음으로 하형록 회장에게 협업을 제안했고, 경주가 고향인 그는 저의 제안을 흔쾌히 받아들였습니다. 그렇게 블루원만의 색깔이 담긴 주차 타워 '룩스타워'를 향한 특별한 여정이 시작된 것이죠. 처음엔 극심하게 반대하던 이들도 차츰 저의 목소리에 귀를 기울이기 시작했습니다. 룩스타워를 통해 제시한 비전에 공감하는 사람들이 점차 늘어갔습니다. 오래가지 않아 모두가 저와 함께 같은 방향으로 나아가는 걸 느낄 수 있었습니다.

룩스타워를 준비하며 세운 비전은 크게 세 가지였습니다.

① 고객과 우리 모두가 주인공이 되는 공간
룩스타워는 직원들이 행복하게 일하고, 고객들이 만족할 수 있도록 배려 깊은 공간으로 설계되었습니다. 또한 이곳에 오는 모든 사람들이 자신의 개성과 취향에 맞게 공간의 주인이 될 수 있기를 바랐습니다. 고객과 직원 모두가 하나로 연결되는, 모두의 행복을 실현하는 공간으로서의 가치를 담고자 했습니다.

② 편리함·실용성·안전성을 두루 갖춘 공간

룩스타워는 고객과 직원의 시간, 비용, 수고로움을 절약해 주는 효율적인 공간을 지향합니다. 특히 안전성을 최우선으로 고려했습니다. 경주가 지진의 아픔을 겪은 지역인 만큼, 내진 설계에 특별히 신경 썼으며, 주차 타워에서 발생할 수 있는 모든 사고를 미연에 방지하기 위해 설계 단계에서부터 세심하게 준비했습니다.

③ 경주의 새로운 랜드마크로서의 가치가 있는 공간

룩스타워는 토함산, 보문호수, 골프코스 등 경주의 천혜 자연환경과 조화를 이루도록 설계되었습니다. 단순한 주차 타워를 넘어, 경주의 아름다움을 돋보이게 하고 그 가치를 높이는 새로운 랜드마크로 자리 잡기를 목표로 했습니다.

이런 비전 아래, 신개념 복합문화공간 룩스타워는 독창적인 아이디어와 차별화된 기술력으로 완성되었습니다. 이 공간은 단순한 건축물을 넘어, 사용자들에게 보다 안전하고 편리한 환경을 제공하기 위해 세심하게 설계되었습니다. 특히, 룩스타워는 내부에 기둥이 없는 독특한 구조를 자랑합니다. 일반적으로 주차 공간의 내부 기둥은 주차 시 접촉 사고를 유발하거나 시야를 가리는 걸림돌이 될 수 있으며, 이는 여성 운전자들에게 심리적인 불안감을 줄 수 있는 요소로 지적되어 왔습니다. 이러한 문제를 해결하기 위해 룩스타워는 포스트 텐션 공법*을 적용해 내부 기둥을 과감히 없앴습니다. 또한, 룩스타워의 건물 외관 전면에는 글라스핀 소재가 사용되었습니다. 유리 섬유로 제작된 글라스핀 소재는 생명의 기본이라 할 수 있는 빛을 다양한 색채로 외벽에 표현하고자 한 시도입니다. 햇빛이 글라스핀에 닿으면 다채로운 빛의 스펙트럼이 드러나며, 이는 서로 다른 개성을 가진 사람들이 모여 휴식과 행복을 나누는 공간이라는 상징적 의미를 담고 있습니다.

룩스타워는 주차가 핵심인 건물임에도 다양한 문화시설이 공존하는 공간으로 설계되었습니다. 경주의 미식을 즐길 수 있는 골프장 뷰 뷔페, 어린아이들과 행복한 시간을 보낼 수 있는 키즈 카페, 사랑을 약속하는 웨딩홀, 일을 사랑하는 사람들을 위한 공유 오피스, 특별한 날을 기념할 수 있는 이색 라운지 등 고객들의 다양한 니즈를 충족할 수 있는 공간들로 채워졌습니다. 더불어 직원들을 위한 복지 공간도 마련했습니다. 블루원이 복합 레저기업인 만큼, 직원들은 주말이나 공휴일에 근무해야 할 때가 많습니다. 이런 상황에서 아이를 맡길 곳이 없는 직원들의 어려움을 해소하기 위해, 룩스타워 안에 사내 어린이집을 설치했습니다. 이는 직원들

---

* **포스트 텐션 (Post-Tension) 공법** 구조물의 콘크리트 타설 전에 관을 설치하고 그 안에 강선을 넣은 후 콘크리트가 외부 환경으로부터 보호가 되도록 조치를 취한 다음 강선을 한 방향으로 잡아 당겨 고정시키는 공법

의 고충을 이해하고, 직원들을 위하는 일이 곧 고객을 위하는 일이라는 철학을 바탕으로 꼭 필요하다고 판단한 결과였습니다. 그렇게 룩스타워는 그 이름처럼 점차 빛을 더해갔고, 900여 일간의 여정 끝에 준공이라는 기쁨을 만끽할 수 있었습니다. 모두가 주인공이 되는 곳, 내 삶이 빛나는 곳 룩스타워. 지금 돌아봐도 룩스타워에 대한 투자 결정은 옳았다는 확신이 듭니다. 누군가 "왜 여기에 이런 시설이 필요하지?"라고 묻는다면, 고객들이 먼저 이렇게 대답해 줄 것입니다. "원래 있어야 하는 거 아니었어?" 라고요.

☞

중요한 결정을 내릴 때마다 저는 항상 스스로에게 묻습니다.
"고객과 직원이 존중받고 있다고 느낄 수 있을까?"
"고객과 직원이 소속감을 느낄 수 있을까?"
"고객과 직원이 함께 성장할 수 있을까?"

이 세 가지 질문에 긍정적인 답을 할 수 있다면,
비록 투자 회수에 시간이 걸릴지라도 절대 후회하지 않을 것입니다.

룩스타워

블루원리조트에 위치한 복합문화공간.
세계적인 건축설계회사 팀하스의 하형록 회장이 설계한
신공법, 신개념 공간이다.
'모두가 주인공이 되는 곳, 내 삶이 빛나는 곳'이라는
캐치프레이즈로 뷔페 레스토랑, 키즈 카페, 웨딩홀,
라운지, 공유 오피스, 사내 어린이집 등
다양한 시설을 갖추고 있었다.

ⓒ 룩스타워

조직의 생산성을
극적으로
끌어올리는 법

유교적 연공서열 문화가 뿌리박힌 조직은
직원들의 눈이 '고객'이 아닌 '상사'에게 향한다.

조직의 혁신은 단순한 변화가 아니라
생존을 위한 변모다.

조직의 성공은 혁신을 얼마나
잘 관리하느냐에 달려있다.

혁신 기업의 대명사라 할 수 있는 애플은 독특한 조직 구조를 가졌습니다. 일반 기업들이 가장 보편적인 사업부 조직(Divisional Structure)*의 유형을 갖춰온 것과 달리, 애플은 기능별 조직(Functional Organization)**으로 움직입니다. 제품별 프로젝트나 비즈니스를 기준으로 부서를 설계하는 대신, 각 기능별 전문가가 업무를 지휘하고 감독하는 구조를 갖춘 것이죠. 쉽게 말해 아이패드, 맥북, 아이폰 등 각 제품군에 따라 사업부가 정해지는 것이 아니라 디자인, 마케팅 등 각 전문 분야에 따라 조직이 나눠지는 것이죠. 애플의 마케팅 분야를 예로 들면, 마케팅 수석 부사장인 그렉 조스위악(Greg Joswiak)의 책임 권한 아래, 전 제품(아이패드, 맥북, 아이폰)의 마케팅이 이뤄지는 방식입니다.

사실 애플 같은 대기업이 기능별 조직을 운영하는 것은 기적과도 같은 일이라 할 수 있죠. 기능 조직에서 모든 일에 관련되어 있는 건 CEO 뿐이고 제품 하나를 만들기 위해 늘 수십 개의 팀이 협업을 해야 하는 구조이기 때문입니다. 사실상 중소 기업들에게나 적합한 구조라 할 수 있죠. 하지만 애플은 기어이 기능별 조직을 고집합니다. 그 이유가 뭘까요? 직관과 빠른 판단으로 한 발 앞서서 혁신할 수 있다는 것이 가장 큰 장점이고, 구성원들이 서로 학

---

* **사업부 조직(Divisional Structure)** 제품, 지역, 고객 등 프로젝트나 비즈니스 기준으로 부서를 설계하는 구조
** **기능별 조직(Functional Organization)** 기능별 전문가가 업무를 지휘하고 감독하는 구조

습하며 각자의 전문성을 최대치로 끌어올릴 수 있다는 강점이 있기 때문입니다. 무엇보다 단기 매출보다 최고의 제품을 만드는 것에 집중할 수 있다는 점이 애플의 비전을 실현하는 데 중요한 역할을 했습니다. 결과적으로 애플은 그 어떤 조직보다 치열하게 일할 수 있는 시스템을 갖추게 되었죠. 스티브 잡스가 '돈벌이를 최우선으로 하는 기업'에서 탈피하기 위해 과감하게 조직 혁신을 감행한 것이 결국 빛을 보게 된 것입니다.

이처럼 리더의 결단에 따른 조직 혁신은 기업의 체질을 완전히 바꿔 생산성을 극대화하는 비결이 됩니다. CEO 자리에 있을 때 저 역시 조직 혁신에 대해 많이 고민했습니다. 그중에서도 '연공서열을 바탕으로 한 수직적인 조직 문화'의 틀을 깨는 것이 가장 큰 숙제였죠. 연공서열이 깊이 뿌리박힌 조직에서는 직원들의 눈이 '고객'이 아닌 '상사'를 향하게 됩니다. 고객에게 잘 보이기 위한 것이 아니라, 승진 등 자기 이득을 줄 수 있는 상사를 위해 일하는 문화로 굳어지게 되죠. 상사를 위해 일하는 조직은 고객 중심의 서비스와 어긋나기 때문에, 결국 경쟁력을 잃을 수밖에 없습니다.

'고객 중심'과 '고객 가치'에 중심을 두는 회사라면 어느 정도의 리스크를 감수하고 조직 혁신에 나설 수밖에 없습니다. 하지만 대부분 기업에서는 연공서열을 파괴하는 것이 위계질서를 흔드는 것과 같다고 생각합니다. '능력' 중심의 '수평'적인 조직을 만드는 것은 모든 기업이 바라는 목표이지만, 실제로 근본적인 변화를 이루

Z to A Tactics

전술

줄이고!
줄이고!
줄이고!
핵심만 뭉쳐라

기 어려운 이유입니다. 그런데 이 어려운 일을 가능하게 해준 것이 코로나19였습니다. 비상 경영 체제에 돌입하면서 완전히 새로운 조직으로 개편할 수 있게 됐고, 평소 점진적으로 추진해온 애자일 (Agile) 방식의 속도를 한층 높일 수 있었습니다.

여러 개의 파트로 쪼개져 있던 부서들을 필요와 목적에 따라 병합하고 없애는 과정을 거치면서 애자일한 조직으로 대대적인 개편을 감행했습니다. 특히 서비스 직군에 속하는 100여 명의 구성원들을 하나의 애자일 팀으로 병합한 것이 주요했습니다. 수직적인 상하 관계에서 벗어나 수평적인 분위기 속에서 오직 '능력'에 따라 자신의 역량을 마음껏 펼칠 수 있는 시스템을 만든 것입니다. 결국 애자일이란 그 일을 잘할 수 있는 사람들이 뭉쳐서 하는 개념이기 때문에 협업의 시너지가 극대화되고, 업무 효율성이 높아집니다. 또한 '고객'을 위해 더 많은 역할을 찾아서 해내는 사람이 결국 리더의 자리에 올라설 공평한 기회가 만들어집니다.

조직 혁신에서 절대 피할 수 없는 것이 바로 인력 구조 조정입니다. 경영을 오랫동안 해보니, 직원이 많다고 해서 일이 더 효율적으로 이뤄지는 것이 아니라는 점을 알게 되었습니다. 추가 인력 채용보다 현재 고용한 인력의 잠재력을 최대한 끌어올리는 것에 더 초점을 맞춰야 하는 이유입니다. 애플의 경우 직원 1인당 창출하는 매출액이 약 240만 달러(2022년 기준, 한화 약 31억 60만 8천 원)에 달한다고 하죠. 이는 보수적인 채용을 통해 최적의 인원 수만 고용하고 1인당 생산성을 극대화한 결과입니다. 블루원 역시 애자일 혁신과 같은 조직 혁신을 거치며 생산성을 높이는 효과를 얻었습니다. CEO 취임 초기, 블루원은 3개 사업장을 운영하면서 약 550억 원의 매출을 거두고 있었는데, 당시 정직원의 숫자는 350명에 달했습니다. 이후 조직 혁신을 거치며 정직원 수는 300명으로 줄어들었지만, 매출은 오히려 약 1,000억 원으로 2배 가까이 올랐습니다. 직원 수를 줄이고 매출 규모가 성장함에 따라 생산성은 약 112.1% 증가한 것으로 계산됩니다. 즉, 직원 1명이 창출하는 매출액이 2배 이상으로 늘어난 것입니다. 단순 반복 업무는 자동화 하는 대신, 직원들은 보다 전문성 높은 일에 매진할 수 있게 한 것이 신의 한 수가 됐습니다.

어찌 보면 조직 혁신은 리더와 구성원 모두에게 불편한 일일 수 있습니다. 하지만 불편한 것보다 더 위험한 것은 그 자리에 정체하는 것입니다. 모두에게 변화를 받아들일 수 있는 용기가 필요한 이유입니다.

☞

경영의 핵심은 업무에 집중할 수 있도록
불필요한 요소를 최소화하는 것입니다.

잇적사고

Merge + Delete
= Agile

수직이 아닌 수평으로
핵심은 **Merge**와 **Delete**입니다.
병합   삭제

4

LEADING

**책임이
리더를 만든다**

우리 모두에게는 저마다의 이야기가 있고,
저마다의 고유한 빛깔이 있습니다.
연결된 사회 속에서 자신의 고유성을 지키면서도
타인과 조화롭게 연대할 방법을 고민하는 것이 중요합니다.
이런 연대를 위해 꼭 필요한 리더는 누구일까요?
그것은 바로 '다른 이들을 위해 책임지는 것을
두려워하지 않는 사람'입니다.

누구나
탁월한 리더가
될 수 있다

리더십은 결과물이 아니라
과정 속에서 빚어진다.

리더의 역할에 몰입하고 매 순간 최선을 다하면,
결과는 자연스럽게 따라온다.

잇적사고

2024년 8월, 대한체육회 이사 자격으로 파리 올림픽에 다녀왔습니다. 전 세계 스포츠 선수들의 열정을 가까이서 느낄 수 있었던 뜻깊은 시간이었습니다. 올림픽에서 가장 화제가 된 종목은 우리나라 양궁이었습니다. '배달의 민족'이 아니라 '활의 민족'이라는 농담이 나올 정도로 한국 양궁은 전 종목 금메달을 휩쓸며 세계를 놀라게 했습니다. 선수들의 압도적인 경기력은 매 순간 감탄을 자아냈습니다.

사실, 한국 양궁의 기량은 오랜 시간에 걸쳐 만들어졌습니다. 1988년 서울 올림픽에서 정식 종목으로 채택된 이후, 여자 양궁 단체 10회 연속 금메달 등 기적에 가까운 기록이 이어져 왔습니다. "왜 한국은 이렇게 양궁을 잘할까?", "어떻게 매번 최고의 결과를 만들어낼까?"라는 궁금증이 생길 수밖에 없습니다. 이러한 경쟁력의 비결은 대한양궁협회의 철저한 관리 시스템 덕분입니다. 다른 협회들이 부정적인 이슈로 어려움을 겪는 동안, 대한양궁협회는 실력만을 기준으로 한 공정한 선발 시스템과 투명성을 통해 최고의 선수들을 배출해왔습니다. 학연과 지연을 배제하고 실력으로만 평가하는 구조는 세계적인 성과의 기반이 되었습니다.

대한양궁협회가 이처럼 성공적인 시스템을 유지할 수 있었던 이유는 리더의 역할에 있습니다. 정몽구 명예회장의 뒤를 이어 2005년부터 협회를 이끌어온 정의선 회장은 단순한 경제적 후원을 넘어, 선수 발굴과 기술 개발, 훈련 환경 개선에 전폭적으로 힘을 실었습니다. 특히, 공정한 선발 시스템과 투명한 운영 원칙을 철저히 지키며 협회를 성장시켰습니다. 그의 리더십은 양궁협회에만 국한되지 않습니다. 그는 기업 경영에서도 인간 중심적 비전을 제시하며, 기술을 통해 자유와 평등, 안전 같은 보편적 가치를 실현하려 노력하고 있습니다. 이러한 가치관은 협회와 기업 모두를 지속 가능한 조직으로 발전시키는 기반이 되었습니다.

우리는 오랫동안 리더십을 평가할 때 결과에만 집중해 왔습니다. 빠른 성장이 중요했던 시대에는 이러한 방식이 효과적이었지만, ESG 경영이 강조되는 지금은 과정이 중시되고 있습니다. 진정한 리더십은 단순히 결과를 내는 데 그치지 않고, 세상에 긍정적인 변화를 불러오는 비전과 그 비전을 향한 지속적인 노력 속에서 드러납니다. 물론 과정에 충실하더라도 항상 원하는 결과를 얻을 수는 없습니다. 하지만 실패 속에서도 배우고 성장하며, 더 나은 방향으로 나아가는 과정 자체가 리더십의 본질입니다.

이러한 관점에서 진정한 리더십을 실현하기 위해, 필요한 세 가지는 다음과 같습니다.

① 정의로운 리더
자유와 평등 같은 보편적 가치를 최우선으로 삼는 리더
② 추진력 있는 리더
업의 한계를 넘어 인류의 행복을 위해 꿈을 키우고 도전하는 리더

잇적사고

③ 방향성을 제시하는 리더

구성원과 조직이 성공할 수 있도록 명확한 비전을 제시하며 이끄는 리더

리더는 단순히 직위나 명예로 존재하는 것이 아니라, 책임을 통해 자신의 역할을 증명하는 사람입니다. "좋은 리더란 무엇인가?" "나는 어떤 리더가 되고 싶은가?"와 같은 질문은 리더의 역할을 맡고 있다면 반드시 자신에게 던져야 합니다. 이 질문에 대한 답을 찾아가는 과정에서 비로소 진정한 리더십이 꽃피울 수 있습니다. 자신에게 주어진 역할에 최선을 다하며, 멋진 결과를 만드는 과정을 통해 리더는 성장할 수 있습니다.

☞

리더십은 뿌리 깊은 나무입니다. 겉으로 드러나는 성과보다
뿌리의 깊이가 더 중요합니다.
깊은 뿌리는 나무가 어떠한 폭풍에도 흔들리지 않도록
단단히 지탱해 주는 힘이 됩니다.

블루원엔젤스

블루원엔젤스는 2020년 블루원이
창단한 프로당구팀으로,
PBA 팀리그에 출전하며 뛰어난 실력을 선보였다.
블루원의 지원 아래 팀원들은
안정적인 환경에서 훈련과 경기를 펼쳤으며,
당구 팬들에게 감동적인 순간을 선사했다.

신뢰와 존중,
결정적 순간에
빛나는 리더십

일을 즐길 수 있는 환경을 조성하는 일이야말로
리더의 참된 역할입니다.

리더의 존재감은 권위나 지위에만
의존하지 않고, 신뢰와 존중의 관계 속에서
자연스럽게 형성됩니다.

잇적사고

리더의 존재감은 조직이 위기 상황에 직면하거나 중요한 결정을 내려야 할 때 가장 빛이 납니다. 이때 리더는 단순한 지시자가 아닌 영감을 주는 지도자로서, 팀원들에게 방향성을 제시하고 그들의 잠재력을 끌어내는 역할을 해야 합니다. 이러한 리더십은 스포츠에서 특히 선명하게 드러납니다. 스포츠는 리더십의 본질을 보여주는 무대이며, 위대한 리더로 성장하고 싶은 사람들에게 많은 통찰을 제공합니다. 저는 '블루원엔젤스*'라는 프로당구팀의 구단주로서 활동하며 리더의 존재감이 빛나는 순간을 생생히 체험할 수 있었습니다.

블루원엔젤스와의 인연은 2020년에 시작되었습니다. PBA**가 출범한 이듬해, '2020-2021 PBA 팀리그 파이널 대회' 창설을 앞두고 이미 5개 프로당구팀이 결성되어 있었습니다. 그런데 보다 흥미로운 경기 운용을 위해 막판에 한팀을 추가하기로 했고, 다소 급작스럽게 블루원엔젤스가 탄생하게 되었습니다. 그러다 보니 전력이 최상이라고 할 수 없었습니다. 실제로 창단 멤버들의 성적은 팀리그 최하위에 머물렀고, '최약체 팀'이라는 꼬리표를 달게 되었습니다. 이러한 성적 부진은 오히려 전화위복의 기회를 제공했습니다. PBA는 매 시즌 시작 전 팀 리그 드래프트를 통해 팀 구성을

---

* **블루원엔젤스** 2020년 창단된 프로당구팀으로, PBA 팀리그에 참가하여 우수한 성적을 거두며 주목받았다. 2024년 우리금융캐피탈에 인수되어 팀명을 '우리WON위비스'로 변경했다.

** **PBA** Professioanal Billiards Association, 총재 김영수

새롭게 조정합니다. 이 과정에서 보유 선수 인원이 적거나 지난 시즌 최하위를 기록한 팀에게 우선 지명권이 주어졌습니다. 2020-2021 시즌에 최하위를 기록한 블루원엔젤스는 이를 적극적으로 활용하기로 했습니다. 서한솔 선수를 잠시 방출해 보유 선수 인원을 줄이는 전략을 펼쳤고, 이로써 최우선 지명권을 획득했습니다. 그 결과, 당구계의 스타 플레이어인 스롱 피아비를 팀에 영입하는 데 성공했으며, 서한솔 선수 역시 재지명하며 팀 전력을 대폭 강화할 수 있었습니다.

그런데 창단 2년 차에도 팀 성적은 크게 오르지 않았습니다. 모두의 반대를 무릅쓰고 프로당구팀 후원을 시작했지만, 팀 성적이 부진하니 아쉬움이 남았습니다. 매 경기에 최선을 다하고 있음에도 원하는 결과가 나오지 않아 어깨가 처진 선수들을 보는 것도 마음이 아팠습니다. 팀이 위기에 직면한 만큼 구단주로서 리더십을 발휘해야 할 때라는 생각이 들었습니다. 어떻게 팀의 기량을 끌어올리고 선수들의 사기를 되살릴 수 있을지 깊이 고민하기 시작한 것이죠.

먼저, 선수들과 신뢰를 다지는 데 집중했습니다. 선수들은 경기 결과로 자신의 존재 가치를 증명해야 한다는 압박 속에서 극심한 정신적 스트레스를 겪고 있었습니다. 모든 시선이 집중되는 긴장된 환경에서 최상의 기량을 발휘하려면 고도의 정신력이 필요하죠. 선수들로서는 큰 부담을 느낄 수밖에 없었습니다. 이 상황에

잇적사고

서 제가 할 수 있었던 일은 "결과보다 경기를 즐기는 것이 더 중요하다"는 믿음을 심어주는 것이었습니다. 이는 블루원엔젤스의 공동 목표이자 비전이기도 했습니다. 이겨야 한다는 강박에서 벗어나야 경기를 진정으로 즐길 수 있고, 경기를 즐길 때 비로소 최상의 결과를 얻을 수 있다는 신념으로 팀을 이끌었습니다. 사실, 블루원엔젤스를 창단했을 때부터 선수들이 팀 성적에 너무 연연하지 않기를 바랐습니다. 우리는 누구나 1등을 할 수도 있고, 꼴찌를 할 수도 있습니다. 1등이 있으면 꼴찌가 있는 법이고 꼴찌가 있어야 1등도 있는 것 아니겠습니까. 1등이 계속 1등만 할 거라는 보장도 없고, 지금 꼴찌라고 해도 결과는 언제든 뒤집을 수 있는 것이죠. 성적은 어디까지나 '사람들이 정해놓은 특정한 기준에 얼마나 부합했느냐'에 따른 결과일 뿐 언제든 바뀔 수 있는 것이기에 크게 집착할 필요가 없습니다. 중요한 것은 선수들이 스스로 만족할 수 있는 경기를 하는 것입니다. 그날 만족스러운 경기를 했다면, 다음 경기에서는 한 걸음 더 나아갈 자신감을 가질 수 있습니다. 성적은 결과일 뿐입니다.

구단주로서 두 번째로 힘쓴 일은 선수들의 기량 향상을 위해 실질적인 지원을 아끼지 않는 것이었습니다. 훈련 환경을 개선하고, 정신적 스트레스를 완화하기 위해 멘털 코치를 매칭했습니다. 더불어, 팀 리그에서 우승할 경우 팀 선수인 다비드 사파타의 고향, 스페인으로 단체 여행을 지원하겠다는 달콤한 보상도 약속했습니다.

마지막으로, 전략적인 응원에 나섰습니다. 당구는 골프와 마찬가지로 매너를 중시하는 스포츠입니다. 하지만 PBA 대회는 기존의 당구 대회와는 몇 가지 중요한 차별점을 가지고 있습니다.

첫째, 팀 리그 형식으로 운영되어 팀 간의 치열한 경쟁이 펼쳐집니다. 둘째, 상금 규모가 다른 대회에 비해 커 선수들의 동기부여를 크게 높입니다. 셋째, 다양한 플랫폼을 통해 중계되며, 시청률을 높이기 위한 쇼 요소가 포함됩니다.

기존의 딱딱하고 경직된 대회를 벗어난 PBA는 그야말로 모두가 즐길 수 있는 하나의 스포츠 쇼라 할 수 있으며, 국민적 인기를 얻을 수 있는 요소를 모두 갖추고 있었습니다. 이런 여건을 충분히 활용해 PBA의 흥행을 이끌 수만 있다면, 블루원엔젤스의 날개를 달고 '블루원'의 인지도 역시 크게 높일 수 있을 거라 생각했습니다. 이런 판단 아래 저는 보다 전략적인 응원전에 나섰습니다.

① 직원들의 자발적인 응원 참여 적극 지원
자발적으로 응원에 참여하고 싶어 하는 직원이라면 누구나 부담 없이 경기를 참관할 수 있도록 출퇴근 인정, 차비와 식대, 응원비 지급 등의 지원을 아끼지 않았습니다.

② 흥미 유발 응원 캐릭터 및 문구로 홍보 효과 극대화
응원단으로 나선 직원들의 다양한 아이디어를 통해 아이언맨 등

잇적사고

의 응원 캐릭터를 탄생시키는가 하면 개성 있는 응원 문구가 적힌 응원 피켓과 현수막 등으로 사람들의 시선을 집중시킬 수 있었습니다.

③ 심리전을 활용한 전략적 응원

열정적인 응원 참여를 통해 '구단주가 물심양면으로 지원하는 팀'이라는 이미지를 각인시킴으로서 심리적 우위를 점했습니다.

이러한 응원 전략은 단순히 팀을 지원하는 차원을 넘어, 경기의 흐름과 분위기를 우리 팀에 유리하게 조성하는 데 기여했습니다. 특히 아이언맨 등으로 분장한 응원 캐릭터들은 PBA 대회의 흥행을 이끄는 재미 요소로 첫 손에 꼽히게 되었고, 각 선수들의 특징을 잘 살린 신박한 문구가 적힌 응원 피켓 역시 시청자들에게 더욱 큰 재미를 선사했습니다. 경기의 승패를 좌우하는 결정적 장면이 연출될 때마다 절묘하게 중계 카메라에 비쳤기 때문입니다. 이런 홍보 효과가 눈에 띄게 두드러지기 시작하자 다른 팀들도 적극적으로 응원에 나서기 시작했고, 프로당구계에 새로운 응원 문화로 자리 잡게 되었습니다. 프로당구가 스포츠와 엔터테인먼트의 경계를 넘나드는 시대, 응원의 역할 역시 그만큼 중요해지고 있음을 다시금 실감하게 된 겁니다.

특히 '2022-2023 PBA 팀리그 파이널 대회'에서는 어느 때보다

열띤 응원전이 펼쳐졌습니다. 전년도 우승팀인 강호 웰뱅피닉스와 블루원엔젤스가 7전 4선 승제의 치열한 승부를 펼치게 되었기 때문입니다. 웰뱅피닉스는 '3쿠션의 최강자'로 불리는 프레데리크 쿠드롱 선수를 보유한 팀으로, 메인 스폰서인 웰컴 저축은행의 든든한 지원을 받으며 프로당구계를 주도해온 강력한 상대였습니다. 이 막강한 상대를 맞아 구단주로서 제가 할 수 있는 최선의 일은 선수들과 함께 호흡하며 응원하는 것이라 판단했습니다. 여덟 번째 선수처럼 그들과 함께 힘을 보태고자 했지만, 하루 두 번 열리는 파이널 경기에 모두 참석하기는 경영 활동 속에서 쉽지 않았습니다. 결국 낮 경기는 포기하고 저녁 경기에 집중하기로 했습니다.

1차전에서 아쉽게 승기를 내주었을 때 느낀 아쉬움이 있었고, 선수들에게 힘을 실어주기 위해 2차전에는 직접 경기장을 찾았습니다. 덕분인지 블루원엔젤스는 연승의 기세를 타기 시작했고, 3승에 먼저 도달해 우승까지 단 한 경기만 이기면 되는 유리한 위치에 올랐습니다. 그러나 웰뱅피닉스의 저력도 만만치 않아 모두가 막판까지 접전이 예상된다고 생각했습니다. 그런데 5차전이 열리던 낮 경기에, 웰뱅피닉스 구단주와 고위 관계자들은 응원식에 모습을 드러내지 않았습니다. 블루원엔젤스가 연속 4승으로 우승을 확정지을 것이라고는 전혀 예상하지 못했던 듯합니다. 텅 빈 상대편 응원석을 바라보며 저는 승리를 직감했습니다. 그리고 블루원엔젤스 선수들은 평소 기량을 뛰어넘는 경기를 펼치며 일찌감치 우승

잇적사고

을 확정지었습니다.

행여 경기에 방해가 될까 응원단장과 함께 화장실조차 가지 않으며 열정적으로 응원한 보람이 있었습니다. 그 결정적 순간은 선수와 응원단, 제가 끝까지 몰입하고, 선수들과 호흡하며 함께 만들어낸 값진 결과였습니다. 아무리 상대가 강하고 상황이 어려워도 끝까지 포기하지 않고 열정을 다하면 반드시 좋은 결실이 따라온다는 것을 몸소 확인했습니다. 기적은 쉽게 찾아오지 않지만, 끝까지 노력하는 자에게 반드시 찾아옵니다.

23,160시간. 블루원엔젤스가 창단 이후 첫 우승을 이루기까지 걸린 시간입니다. 흔히 최고의 경지에 이르려면 1만 시간이 필요하다고들 합니다. 하지만 블루원엔젤스 선수들은 두 배 이상의 시간

일차수	날짜	회차(시간)	블루원 엔젤스	웰뱅 피닉스	승패	CEO 응원
1일차	2023년 2월 19일(일)	1차전(낮)	2	4(승)	0:1	
		2차전(저녁)	4(승)	2	1:1	참석
2일차	2023년 2월 20일(월)	3차전(낮)	4(승)	2	2:1	
		4차전(저녁)	4(승)	2	3:1	참석
3일차	2023년 2월 21일(화)	5차전(낮)	4(승)	3	4:1	참석
		6차전(저녁)	4선승제로 종료		우승 확정	
4일차	2023년 2월 22일(수)	7차전(낮)				

표 제목: 블루원엔젤스 '2022-2023 PBA 팀리그' 잇적 응원 기록

을 쌓아 올리며 프로당구의 최정상에 우뚝 섰습니다. 말 그대로 당구라는 레저를 통해 '기적의 드라마'를 써 내려간 것이죠. 블루원엔젤스는 푸른 긍정의 힘으로 많은 스포츠 팬에게 기쁨과 감동을 선사했습니다.

이 과정에서 블루원엔젤스는 제가 추구해 온 '원팀' 마인드를 완벽히 실천했습니다. 우승이라는 목표를 향해 팀원 전원이 한 방향으로 나아갔고, 조바심 내지 않고 전심으로 뛰어왔습니다. 원팀 마인드가 확고히 자리 잡는다면 그 어떤 기적도 이뤄낼 수 있음을 다시 한번 확인했습니다. 리더의 존재감은 단순한 권위에서 나오지 않고, 신뢰와 존중을 기반으로 만들어진다는 중요한 깨달음도 얻었습니다. 리더가 진정으로 팀을 위해 헌신하고, 팀원들의 성장을 진심으로 응원할 때 비로소 좋은 열매가 맺어지며, 그 순간 리더의 존재감은 더욱 빛나게 됩니다.

☞

프로당구 구단 하나를 이끄는 데 그치지 않고,
블루원엔젤스의 스토리를 통해 기업의 브랜드 가치를 높이고
조직의 결속력을 강화할 수 있었습니다.
레저를 통해 행복을 전하고, 그 과정에서 기업의 가치를 높이며,
더 많은 사람에게 선한 영향력을 미치고 싶던
저의 꿈이 비로소 실현된 순간이었습니다.

인생 경영,
철저한 자기 관리에서
시작된다

리더는 자기 관리도 하나의 업무로 바라보고
철저히 수행해야 한다.

하루를 온전히 가동하기 위해 자기 몸을
정밀한 기계장치처럼 세심하게 관리해야 한다.

리더는 내부 관리와 외부 관리 모두에
능숙해야 한다.

CEO는 대표적인 '바른생활 루틴이*'로, 자신만의 엄격한 루틴을 가지고 철저히 시간을 관리하며 건강을 챙깁니다. 또한, 자기 계발을 위한 노력을 게을리하지 않습니다. CEO는 단순히 기업의 수장이 아니라, 기업의 브랜드이자 얼굴입니다. 따라서 CEO의 자기 관리는 곧 기업과 브랜드의 이미지를 높이는 중요한 요소입니다.

유명한 글로벌 경영자들 역시 자기 관리에 철저하기로 유명합니다. 예를 들어, 일론 머스크는 매일 엄청난 양의 업무를 처리하면서도 엄격한 자기 관리를 실천합니다. 그는 일주일 평균 80~100시간을 일하는 것으로 알려져 있으며, 시간 관리를 위해 타임 박싱이라는 기법을 활용합니다. 타임 박싱은 하루 동안 할 일을 캘린더에 구체적으로 기록하고, 정해진 시간 내에 처리하는 방식입니다. 그는 이 방법으로 하루를 5분 단위로 나눠 효율적으로 시간을 관리합니다.

타임 박싱은 시간이 부족하다는 현실을 체감하게 하고, 자연스럽게 해야 할 일의 우선순위를 정하도록 돕습니다. 이를 통해 그는 초인적인 집중력을 발휘하며 일과를 소화합니다. 더욱 놀라운 점은, 매일 6시간 30분의 수면을 반드시 확보한다는 사실입니다. 그는 수면 부족이 생산성과 건강에 미치는 영향을 중요하게 여겨, 신체적·정신적 균형을 유지하려 노력합니다. 이러한 철저한 자기 관

---

* **바른생활 루틴이** 매일 수행하는 습관이나 절차 즉, 루틴을 통해서 자기 관리에 철저한 사람들을 가리키는 말

리 덕분에 그는 엄청난 업무량 속에서도 건강을 유지하며 최고의 효율성을 발휘하고 있습니다.

애플의 CEO 팀 쿡은 매일 아침 5시에 일어나 운동을 하고, 체계적인 일정 관리로 업무 효율성을 극대화합니다. 메타의 CEO 마크 저커버그는 간결한 생활 방식을 통해 자기 관리를 실천합니다. 그는 매일 같은 옷을 입어 불필요한 결정을 줄이고, 중요한 업무에 집중할 수 있는 환경을 조성합니다. 또한, 정기적인 운동을 통해 정신적 건강을 유지하려 노력합니다. 이처럼, CEO의 자기 관리는 꾸준한 노력이 뒷받침되어야 가능한 일입니다.

CEO라면 누구나 아침형 인간이 될 수밖에 없습니다. 물리적으로 시간에 쫓기기 때문입니다. 저 역시 매일 새벽 4시에 일어나 하루를 시작합니다. 기상 후 가장 먼저 하는 일은 운동입니다. 근력과 유산소 운동을 병행하며 하루도 빠짐없이 루틴을 지킵니다. 새벽 출근이 필요할 때도 운동을 위해 2시간 일찍 일어나며, 이를 최우선 순위로 둡니다. 운동은 체력을 관리하고 자기 컨디션을 최상으로 유지하는 방법입니다. 활력을 비축해 구성원들에게 긍정적인 에너지를 전달하려 노력합니다. 하루를 온전히 가동하기 위해 제 몸을 하나의 장치처럼 세심히 관리하는 것이 제 자기 관리의 핵심입니다.

시간 관리도 중요합니다. 여러 사업을 이끌다 보면 분야별 업무 시간을 효과적으로 배분해야 합니다. 다양한 프로젝트를 동시에 진행하면, 하나의 일에서 다른 일로 전환할 때 시간과 에너지가 소모됩니다. 이를 해결하기 위해 비슷한 성격의 프로젝트를 묶어 처리하려고 합니다. 예를 들어, 골프장, 리조트, 워터파크 관련 업무를 요일별로 나누거나, 유사한 업무를 오전과 오후로 분리해 집중하는 방식입니다. CEO의 시간 효율성이 높아지면, 경영 효율도 자연스럽게 높아집니다.

자기 계발 또한 꾸준히 노력하고 있습니다. 독서는 통찰력을 키우기 위한 훈련이고, 외국어 공부는 글로벌 시장에서 영향력을 강화하기 위한 필수 요소입니다. 디지털 시대에 적응하기 위해 블로그를 운영하거나 유튜브 채널 관리 관련된 공부를 병행합니다. 디지털 마케팅과 소통 강의를 듣고, AI 시대에 맞는 새로 나온 앱과 서비스를 사용해 트렌드를 파악합니다. 고객들의 손에서 스마트폰이 떨어지지 않는 시대, 디지털 친화력은 CEO에게 필수입니다. 고객 경험을 쌓고, 데이터를 기반으로 고객의 니즈를 분석하는 데 디지털 적응 노력은 큰 도움이 됩니다. 이는 미래를 준비하는 CEO의 중요한 과제입니다.

많은 사람은 방대한 업무 속에서도 자기 관리와 자기 계발을 어떻게 해내는지 궁금해합니다. 그러나 자기 관리도 일을 중심에 두고 접근하면 하루도 허투루 보낼 수 없습니다. 나의 컨디션을 회사의 이익을 극대화하는데 맞추면 사사로운 감정을 배제하고, 시간 활용과 업무 효율성을 높이는 데 집중할 수 있습니다.

흔히 리더십은 내가 아닌 바깥으로 향하기 마련입니다. 우선적으로 철저한 자기 관리가 이뤄질 때 비로소 우리 팀, 우리 회사를 이끌어갈 수 있는 저력이 생기는 것임에도 불구하고 말입니다. 적어도 본인이 리더십을 갖추기를 원한다면 자기 관리의 리더십부터 집중하라고 조언하고 싶은 이유입니다.

이러한 자기 관리와 자기 계발의 원동력은 '반드시 더 나은 길이 있다'는 믿음에서 나옵니다. 자신을 점검하고 개선하며, 매일 새로운 목표를 설정해 도전하는 과정에서 성장의 기쁨을 느낄 수 있습니다. 주변의 피드백에 귀 기울이고 자신을 발전시키는 태도 역시 중요합니다. 리더는 스스로 높은 기준을 세우고 이를 지속적으로 요구하며 발전해 나가야 합니다. 이것이 리더가 반드시 갖춰야 할 태도입니다.

☞
자기 관리를 소홀히 하는 리더의 비전은 허상에 불과합니다.

솔로프러너,
성공의 개척자들이 온다

리더의 비전과 목표를 실행하는 원동력은
결국 사람에게서 나온다.

탐나는 인재는 저절로 찾아오는 것이 아니라,
리더가 직접 발굴, 양성해야 한다.

뛰어난 인재들과 함께 일하고 싶다면 단순한
'채용'이 아닌 '협업'의 가능성을 고민하자.

잇적사고

바야흐로 '인재 전쟁(War for Talent)'의 시대입니다. 사업의 성패는 결국 유능한 인재를 얼마나 확보하고 효과적으로 활용하며 키워내느냐에 달려 있습니다. 이는 단지 조직 내부의 문제에만 국한되지 않습니다. 프로젝트의 특성과 필요에 따라 외부에서 전문성을 갖춘 인재들과 협력하거나, TF 신설 등 다양한 방식으로 협업하는 것도 전략적 선택이 될 수 있습니다. 시간과 비용을 고려할 때, 외부 인재를 영입하거나 협력하는 것이 더 유리한 경우가 많기 때문입니다.

이러한 방식의 대표적 사례 중 하나가 바로 애드호크라시(Adhocracy)입니다. 애드호크라시는 라틴어 ad hoc에서 유래된 표현으로, '특정한 목적을 위해'라는 뜻을 가집니다. 이는 특정 문제를 해결하거나 목표를 달성하기 위해 다양한 전문 기술을 가진 전문가들로 구성된 임시 조직을 말합니다. 미래학자 앨빈 토플러(Alvin Toffler)는 저서 『미래의 충격』에서 애드호크라시를 관료적 조직을 대체할 미래형 조직으로 제안하며, 유연성과 혁신성이 급변하는 사회에 적합한 대안임을 강조했습니다.

2023년 '퀀텀 점프(Quantum Jump)'를 준비하며 전사적으로 디지털 마케팅을 강화할 때, 저는 애드호크라시의 필요성을 절감했습니다. "검색되지 않으면 존재하지 않는다"는 말처럼 디지털 마케팅은 생존의 문제였고, 급변하는 환경에 대응하며 이를 선도할 전문가들이 필요했습니다. 이에 따라 디지털 소통과 마케팅을 위한 특별 임시 조직, '애드호크라시'를 꾸리게 되었습니다. 단, 외부 인재를 영입할 때는 몇 가지 중요한 요소를 고려해야 합니다. 맡길 직무에 적합한지 직무 적합성을 검토하고, 조직 문화에 융화될 수 있는지 팀워크, 의사소통, 문제 해결 능력 등 소프트 스킬을 평가해야 합니다. 또한, 인재가 회사와 함께 성장할 마인드와 잠재력을 가졌는지도 세밀히 따져봐야 합니다.

이 모든 요소를 고려해, CX101*이라는 특별 임시 조직을 구성할 핵심 인재 4인을 영입했습니다. 이들과 함께 협업할 내부 인력 2인을 추가 선발해 CEO인 저까지 총 7인 체제의 애드호크라시 조

CX101 특별 임시 조직 구성도	
내부 핵심 인물	CEO, COO, 총괄 지배인
	변호사 (법률 지원)
외부 영입 인재	❶ 디지털 마케팅 전략 기획가 기업의 디지털 마케팅을 통합하고 전략적 방향성 제시 ❷ 미디어 특화 작가 (난나스토리 최보윤 작가) 기업 홍보 콘텐츠 제작 및 고객과의 친근한 소통 담당 ❸ 멀티 미디어 디렉터 (쿡 미디어 김지혜 대표) 디자인, 영상, 애니메이션 등 다양한 콘텐츠 기획 및 제작 ❹ IT 업무 총괄 기획자 (1ON 김완진 팀장) 업의 특성에 맞는 IT 기술 구현

* CX101 디지털 마케팅과 소통 강화를 위한 블루원의 특별 임시 조직

잇적사고

CX—1—0—1

CX
고객 경험
Customer eXperience

1
We are 1

0
잇적 디지털
= 소통
= 융복합

1
Number 1
Only 1

직으로 출발했습니다. 우리는 CX101이라는 이름 아래 디지털 마케팅을 강화하고 조직의 비전을 현실화하기 위해 새로운 여정을 시작했습니다.

여기서 말하는 CX는 Customer Experience(고객 경험)의 약자입니다. 고객 경험이란 마케팅, 영업, 고객 서비스 등 구매 여정의 모든 접점에서 고객이 기업과 소통하는 방식을 뜻합니다. 이는 곧 기업과 고객 관계의 핵심이라 할 수 있습니다. CX101이라는 팀명에는 디지털 마케팅을 통해 새로운 고객 경험의 가치를 창출하겠다는 의지가 담겨 있습니다. CX를 전면에 내세움으로써 고객 경험의 중요성을 강조했고, 여기에 블루원(Blue One)의 '1', 완판을 상징하는 '0', 그리고 NO.1을 의미하는 '1'을 조합해 팀명을 완성했습니다.

CX101 실행목표
고객 및 직원의 가장 소중한 시간을 아껴주자
고객이 안심하고, 우리 상품을 바로 선택할 수 있도록 매력적인 상품을 만들자
24시간 상품 판매 가능한 디지털 마켓으로 확대하자
Succinct 고객에게 일목요연한 메시지를 전하자
고객과 잇적 소통을 하자

CX101은 고객 경험의 중요성을 인식하고, 기본에 충실하면서도 혁신적인 접근을 추구하겠다는 각오로 출범한 임시 조직입니다. 이 조직은 고객 감동의 극대화, 상품 완판을 넘어 업계 1위로 도약하는 것을 목표로 합니다. 빠르게 변하는 디지털 환경에 단순히 대응하는 데 그치지 않고, 디지털 세상에서 새로운 기회를 개척해가기 위한 기반을 마련하고자 하는 의지가 담겨 있습니다.

이후 CX101 조직은 CX201로 진화하며, 2년에 걸쳐 전사적인 디지털 마케팅 강화를 위한 다양한 프로젝트를 성공적으로 수행했습니다. 디지털을 통해 최고의 고객 경험을 제공하겠다는 명확한 비전과 구체적인 실행 목표를 중심으로, 외부 인력을 통해 전문성을 강화하는 동시에 내부 인력과의 균형 있는 협업을 이루어냈습니다. 이러한 조합은 빠른 실행력을 가능하게 했으며, 이를 통해 더욱 큰 시너지를 낼 수 있었습니다.

인재는 어디에나 있는 동시에, 어디에도 없습니다. 리더라면 자신의 비전과 목표를 실행할 핵심 인재를 발굴하고 협업하는 데 유연성과 통찰력이 필요합니다. 유연성은 창의적인 조직을 꾸릴 수 있는 능력, 통찰력은 외부의 수많은 인재 중에서 우리 기업에 필요한 능력을 갖춘 인물을 정확히 찾아낼 수 있는 시야를 의미합니다.

대기업 CEO 자리에서 물러나 새로운 창업을 준비하며, 제가 인재 확보에서 추구하는 핵심 키워드는 솔로프러너(Solopreneur)입니다. 솔로프러너는 'Solo(솔로)'와 'Entrepreneur(앙트러프러너)'의 합성어로, AI 기술을 활용해 자신만의 방식으로 성공을 창출하는 1인 창업가를 의미합니다. 이들은 출퇴근 시간과 조직 체계에서 벗어나 자유롭게 일하며, 디지털 시대의 새로운 비즈니스 모델로 자리 잡고 있습니다. 글로벌 시장에서는 이미 긱 이코노미(Gig Economy)가 활성화되어 프리랜서와 단기 계약 중심의 일자리 문화가 자리 잡았으며, 이는 국내에서도 확산될 전망입니다. 기업들도 기존 고정 채용 방식에서 벗어나 솔로프러너와 협업하며 창의적이고 유연한 문제 해결로 더 큰 시너지를 창출하고 있습니다.

이 변화 속에서 퍼스널 브랜딩의 중요성은 더욱 커지고 있습니다. 개인이 기업이나 고객에게 어떤 가치를 제공할 수 있는지가 성공 여부를 결정짓는 시대가 되었기 때문입니다. 구직의 어려움으로 좌절하기보다는 자신을 브랜딩해 매력적인 인재로 만들어야 합니다. 앞으로 얼마나 다양한 솔로프러너와 협업하며 혁신적인 프로덕트를 세상에 선보일 수 있을지 기대됩니다. 세상이 변화하는 방향에 맞춰 준비한다면 누구나 무한한 기회를 얻을 수 있습니다. 답은 이미 나와 있으며, 길은 열려있습니다.

☞

인재를 채용한다는 것은 고객 감동을 함께 만들어갈 사람을 찾는 것이며, 그 감동을 통해 함께 기뻐하고 성장할 사람을 찾는 것입니다.

기업에 적합한
인재를 찾는 방법

리더의 핵심 업무는 채용의 실패를
줄여가는 것이다.

좋은 인재란 기업에 적합한 인재다.

"먼저 사람을 채용하고, 그다음 방향을 정해라(First Who, then What)."

이 말은 미국 경영학의 대가 짐 콜린스(Jim Collins)가 '인재 경영' 의 중요성을 강조하며 한 이야기입니다. 성공적인 기업이 되기 위해서는 단순히 뛰어난 인재를 확보하는 데서 멈추지 않고, 그 기업에 적합한 인재를 찾는 것이 핵심이라는 뜻입니다. 기업에 적합한 인재(Right Person)란 기업의 문화, 가치관, 목표와 조화를 이루는 사람을 말합니다. 이들은 기업의 핵심 가치를 이해하고 실천하며 스스로 동기를 부여해 엄격한 통제 없이도 책임감을 가지고 남다른 열정을 발휘할 수 있는 사람들입니다.

최근 많은 기업이 적합한 인재를 찾기 위해 면접 방식을 혁신하고 있습니다. 과거 짧은 인터뷰에서 벗어나 AI 면접, 코딩 테스트, 인성 검사, 프리스타일 면접 등 다양한 방법이 도입되고 있습니다. 그중에서도 주목할 만한 것은 '컬처핏 면접(Culture Fit Interview)'입니다. 이 방식은 조직의 문화와 지원자의 가치관, 성향이 얼마나 잘 맞는지를 평가합니다. '배달의민족'을 운영하는 우아한형제들이 이를 활용해 화제가 되었는데, 이들은 기업의 핵심 가치와 인재상을 반영한 120개 질문으로 지원자의 성향을 파악했습니다. 이는 단순히 스펙만을 보는 기존 방식에서 벗어나, 지원자가 조직 문화와 업무 스타일에 잘 조화될 수 있는지를 미리 확인하려는 노력입니다.

컬처핏 면접에 관심을 두게 된 이유는 이것이 채용 실패의 위험을 줄일 효과적인 도구라고 생각했기 때문입니다. 많은 지원자가 면접에서 "최선을 다하겠다"며 자신을 어필하지만, 실제로는 조직에 적응하지 못하거나 '월급 루팡'으로 전락하는 경우가 많습니다. 이는 회사와 개인의 비전이 입사 전부터 불일치했기 때문입니다. 반복되는 채용 실패는 인재 유출과 교육 비용 측면에서 큰 손실을 초래합니다. 이를 방지하려면 기업에 적합한 인재를 선별할 수 있는 컬처핏 면접 같은 노력이 필요합니다.

컬처핏 면접을 설계하려면 기업의 인재상을 명확히 정립해야 합니다. 배달의민족이 '배민다움'을 바탕으로 120개 항목을 정리한 것처럼, 기업의 비전과 조직 문화에 맞는 인재를 정의하는 작업이 우선입니다. 예를 들어, 구글의 래리 페이지(Larry Page)는 면접에서 "세상을 개선하기 위해 도전하고 싶은 것은 무엇인가?"와 같은 질문으로 지원자의 비전을 확인했습니다. 이는 기업과 지원자의 방향성을 맞추는 데 효과적인 접근 방식입니다.

또한 지원자가 실제로 일할 부서와 사전 미팅을 갖고 시뮬레이션을 진행하는 것도 중요합니다. 이는 입사 후 하게 될 업무를 경험해 볼 기회를 제공하며, 기업은 지원자의 적합성을 더 명확히 검토할 수 있습니다. 이 과정은 단순한 직무 수행 능력을 넘어, 회사와 개인의 가치와 방향성이 일치하는지 확인하는 단계입니다. 방향성이 맞지 않으면 아무리 뛰어난 역량을 가진 인재라도 회사에 오래 머물기 어렵습니다.

회사는 결국 직원들을 통해 성과를 창출합니다. 아무리 뛰어난 능력을 가진 개인도 하나의 비전과 목표를 공유하지 않으면 좋은 결과를 내기 어렵습니다. 이런 이유로 기업은 '최고의 인재'보다 '최적의 인재'를 찾고, 적합한 인재를 통해 더 나은 성과를 추구합니다. 취업을 준비하는 사람들도 단순히 스펙 쌓기에 몰두하기보다, 자신이 지원하는 회사의 본질적인 업(業)과 시장의 흐름을 이해하기 위해 노력해야 할 이유가 여기에 있습니다.

☞

CEO의 가장 큰 실패는 함께 뜻을 이루어갈 사람을 찾지 못하는 것입니다.

해고할 결심,
사표 쓸 용기

경영의 핵심 과제란
'어떤 사람을 어떤 자리에
앉힐 것인가'를 고민하는 일이다.

CEO가 메타인지 능력을 갖춰야
조직 구성원들에게 가장
적합한 자리를 찾아줄 수 있다.

"CEO가 경영진 회의를 할 때마다

가장 중요하게 확인해야 할 단 하나의 지표가 있다면,

버스의 주요 좌석(핵심 보직)이 얼마나

올바른(적합한) 인재로 채워졌는지를 나타내는 비율이다."

- 짐콜린스, 『좋은 기업에서 위대한 기업으로(Good to Great)』

모든 기업은 어쩔 수 없이 회사와 맞지 않는 '부적합 인재'를 품고 가는 경우가 많습니다. 채용 단계에서 적합한 인재를 찾지 못하는 일이 빈번할 뿐 아니라, 조직이나 사업 구조를 대폭 개편할 때도 어울리지 않는 자리에 사람을 앉히는 사례가 많기 때문입니다. 채용 당시에는 제일 나은 선택이라 확신했더라도, 시간이 지나면서 적임자를 찾는 데 실패했음을 인정해야 하는 순간이 찾아옵니다. 미국 금융회사 캐피털 원의 CEO 리처드 페어뱅크(Richard Fairbank)는 이를 두고 "대부분의 기업은 주어진 시간의 2%를 직원 채용에 쓰고, 75%는 채용 오류를 수습하는 데 쓴다"라고 말했습니다. 아무리 신중하게 인재를 찾아도, 채용 실패율을 30% 아래로 낮추는 일은 절대 쉽지 않습니다. 그래도 직접 채용한 인재들에 대한 실패는 어느 정도 감당할 수 있습니다. 그러나 전임자들이 남긴 채용 실패의 짐까지 떠안게 된다면 그 부담은 훨씬 커집니다. 스스로 본인 자리가 적합하지 않다고 판단해 물러나 주는 경우라면 다행이지만, 끝까지 자리를 고수하려 할 때는 마찰이 생기기 마련입니다.

핵심 보직에 부적합한 인물이 늘어나면 기업은 위태로워질 수밖에 없습니다. 가장 큰 문제는 조직에 군살이 붙기 시작한다는 점입니다. 깜냥이 안 되는 사람이 핵심 보직에 앉으면 자신의 부족함을 메우기 위해 계속해서 사람을 뽑게 되고, 이는 비효율적인 경영으로 이어질 가능성이 높습니다.

부적합한 인재의 비율이 높아질 경우, CEO는 어떻게 대처해야 할까요? 우선, 문제를 일으킨 직원에게 스스로 개선할 기회를 주는 것이 중요합니다. 하지만 대부분 문제의 심각성을 인식하고 변화를 이루는 경우는 드뭅니다. 결국 조직 외부로 내보내야 하는 상황에 직면할 때도 있습니다. 이때는 과감한 인사 개혁이 필요합니다. 물론 쉬운 일은 아닙니다. 사기 저하, 위계질서 흔들림, 업무 공백에 대한 우려, 인간적인 연민 등이 결정을 주저하게 만듭니다. 그러나 CEO는 '이것은 개인적 감정의 문제가 아니라 기업의 미래를 위한 선택'이라는 점을 명확히 인지하고 결단해야 합니다. 우유부단할수록 기업은 더 큰 리스크를 안게 됩니다. 부적합한 인재를 그자리에 방치하는 것은 당사자에게도 해가 됩니다. 이는 그들이 더나은 기회를 찾을 가능성을 박탈하는 일이기 때문입니다. 진정한배려와 온정은 단기적인 위로가 아니라 장기적으로도 도움이 되는선택이어야 합니다. 자신을 발전시킬 더 나은 자리로 나아갈 수 있도록 돕는 것이 모두에게 최선의 선택입니다.

부적합한 인재를 방출하는 것만큼, 올바른 인재를 적합한 자리에 앉히는 일도 쉽지 않습니다. 내부에서 유능한 인재를 발견하더라도, 적합한 자리를 제공하기 위해서는 많은 고민과 결단이 필요합니다. 이는 기업마다 뿌리내린 '연공서열' 문화가 '능력 중심의 파격 승진'을 가로막는 경우가 많기 때문입니다. 외부 인재 영입 시에는 더 큰 장벽이 존재합니다. "기존 직원들과 형평성이 맞지 않는다", "내부 직원들과 조화롭게 일할 수 있을지 미지수다", "연봉만큼의 성과를 보장할 수 없다"는 반대 의견이 자주 제기됩니다. 이러한 반대는 주로 기득권을 가진 중간 관리자에게서 나옵니다. 중간 관리자들은 종종 통제하기 쉬운 부하 직원을 선호하며, 회사의 발전보다는 자신의 위치와 안위를 우선시하는 경향이 있습니다. 이로 인해 '적당히 시키는 일만 하는 직원'을 선호하며, 유능한 인재를 적합한 자리에 배치하려는 시도가 내부 저항에 부딪히는 일이 빈번합니다.

결국, 이런 방해 요소들을 극복하며 좋은 인재를 찾아 나서는 것은 CEO의 의지에 달렸습니다. 조직 내 규율에 얽매이지 않고 회사의 비전을 향해 함께 뛰어줄 인재라면 공정하게 기회를 주고, 성과를 낸 만큼 충분히 보상하겠다는 확고한 철학이 필요합니다. 또한, 연공서열보다 능력을 중시하는 인재 채용의 원칙을 직원들과 꾸준히 공유하고 이를 실천해 나가는 의지가 중요합니다. 무엇보다 좋은 인재를 더 많이 품기 위해 회사의 그릇을 매일 성장시키기 위해 끊임없이 노력해야 한다는 점을 다시금 되새기게 됩니다. 이는 기업의 지속 가능한 생존을 위한 필수 조건이기 때문입니다.

☞
채용을 잘못해서 죄송합니다.
인사를 잘못해서 죄송합니다.
(노동법 상) 해고를 '잘' 못해서 죄송합니다.

인재들이 스스로 모여드는 비전을 제시하고,
자율과 공정이 가득한 기업 문화를 만들어가겠습니다!

고객의 뇌리에
브랜드를
각인시킨다는 것

정체성이 모호한 브랜드는
고객의 기억에서 쉽게 잊힌다.

CEO는 남들이 알아보지 못한 옥석을
발견할 수 있는 통찰의 눈을 가져야 한다.

이제는 제품보다 브랜드가 주목받는 시대입니다. 우리만의 정체성을 담은 브랜드를 만들고 그 가치를 높이는 것이 경영의 핵심이라 할 수 있습니다. 정체성이 모호한 브랜드는 고객들의 기억에서 쉽게 잊히기 마련입니다. 당연히 고객 감동을 이끌어낼 수 없고, 고객들의 선택에서도 멀어지게 됩니다. 특히 블루원처럼 다양한 사업 분야를 영위하는 기업에게 브랜딩은 더욱 까다로운 과제가 됩니다. '모두의 땡큐 레저'라는 기업 슬로건을 통해 뚜렷한 정체성을 확보했지만, 이를 고객들의 뇌리에 깊이 각인시키는 것은 또 다른 도전이었습니다.

'어떻게 하면 브랜드 인지도를 확실히 높일 수 있을까'를 고민하던 중, 2020년 초, 블루원의 모기업에 신생 프로당구팀 후원 제안이 들어왔습니다. 당구 경기가 기업의 브랜드 가치를 높이는 남다른 보석이 될 수 있다는 가능성을 발견하게 된 순간이었습니다. 당시 국내 당구 인구는 약 1,000만 명으로, 골프 인구의 약 두 배에 달했습니다. 전국적으로 약 2만 5천 개의 당구장이 운영되고 있었는데, 이는 스타벅스 매장 수(2023년 기준 1,841개)의 12배에 이르는 숫자였습니다. 무엇보다 당구 경기는 중계 중 기업 브랜드명이 지속적으로 노출되며, 경기 영상의 '다시 보기' 빈도가 높아 특정 타깃층에 반복적으로 노출되는 강점이 있었습니다. 이러한 점에서 당구는 블루원의 '땡큐 레저'라는 정체성과도 완벽히 부합하는 종목이었습니다.

반면, 골프 후원의 경우 경기 중계에서 브랜드 노출 시간이 제한적이며, 선수 성적에 따라 홍보 효과가 좌우되곤 했습니다. 비교적 적은 비용으로 진입 문턱이 낮고, '국민 스포츠'로 자리잡을 가능성이 높은 당구의 잠재력은 분명히 돋보였습니다. 그러나 모기업 관계자들은 초기 제안에 회의적인 반응을 보였습니다. 당구에 대한 부정적 인식이 여전히 강했기 때문입니다. 하지만 저는 프로당구팀 후원을 통해 기업의 브랜드 가치를 새롭게 정립하고, 전 국민이 즐길 수 있는 또 하나의 '땡큐 레저'를 만들어낼 기회가 될 것이라 확신했습니다. 결국 블루원은 신생 프로당구팀을 직접 후원하기로 결정하며, 브랜드를 강화할 새로운 여정을 시작했습니다.

해당 소식이 알려지자, 반대의 목소리도 작지 않았습니다. 가장 많이 들은 말은 "골프장이 왜 당구팀을 후원하냐?"는 우려였습니다. 하지만 블루원은 단순한 골프장이 아닙니다. 워터파크, 서킷, 리조트까지 아우르는 복합 레저 전문 기업으로, '최고 레저 회사 창조'를 목표로 대한민국을 가장 행복한 나라로 만드는 것'이라는 비전을 가지고 있습니다. 당구라는 레저를 통해 국민에게 새로운 행복을 선사할 좋은 기회라고 믿었습니다. 그렇게 2020년 6월, 프로당구팀 '블루원엔젤스'가 탄생했습니다. 팀명에는 서로가 서로에게 천사가 되어 푸른 긍정의 힘을 전하고 싶다는 바람을 담았습니다.

그리고 창단 3년 만에 그 바람을 현실로 이루어냈습니다. 창단

초기 최약체 팀으로 고전하던 블루원엔젤스는 3년 만에 챔피언 우승컵을 거머쥐며 반전의 드라마를 완성했습니다. 부드럽고 섬세한 카리스마로 팀을 이끈 엄상필 주장을 필두로, '머신 건' 강민구, 캄보디아의 김연아로 불리는 스롱 피아비, 스페인의 다비드 사파타, 튀르키예의 잔 차파크, 미모와 실력을 겸비한 서한솔, 눈물 많은 슈퍼 캔디 김민영까지 7명의 선수가 환상의 팀워크를 보여주며 매 경기 최선을 다한 결과입니다. 특히 어떤 위기에서도 굴하지 않고 끝내 멋진 결과를 보여준 블루원엔젤스의 모습은 많은 이들에게 감동을 선사하며, 프로당구의 인기까지 견인했습니다. 블루원엔젤스는 어느새 블루원을 대표하는 간판 팀이 되었고, 저 또한 블루원엔젤스의 구단주로 많은 관심을 받게 되었습니다. 블루원엔젤스와 구단주의 우정을 담은 유튜브 콘텐츠가 인기를 끌었고, "블루원엔젤스를 통해 블루원을 처음 알게 되었으며, 리조트나 골프장을 꼭 방문해보고 싶다"는 팬들도 점점 늘어났습니다. 이러한 고객 반응에 힘입어 블루원엔젤스 선수들과 제가 워터파크 CF 모델로 직접 나서기도 했습니다. 결과적으로, 블루원엔젤스는 블루원의 브랜드 정체성을 확고히 알리는 데 크게 이바지했습니다. 명실상부 블루원의 대표 간판으로서, '모두의 땡큐 레저'라는 우리 기업만의 가치를 고객들에게 확실히 전달할 기회를 만들어낸 것입니다.

블루원엔젤스가 창단 3년 만에 거둔 성과는 단순히 금전적 가치로 환산할 수 없을 만큼 큰 의미가 있습니다. 이는 잘 키운 스포츠 구단 하나가 기업의 브랜드 가치를 얼마나 크게 높일 수 있는지 단적으로 보여준 사례라고 자부합니다.

만약 신생 프로당구팀 후원 제안이 들어왔을 때, 당구에 대한 편견에 가로막혀 이를 거절했다면 어땠을까요? 리더는 아무도 주목하지 않은 블루오션을 발견할 줄 아는 통찰력을 가져야 합니다. 동시에, 남들이 알아보지 못한 옥석을 가려내 우리만의 보석으로 다듬고 빛낼 수 있는 역량도 갖춰야 하죠. 저에게 그 역량은 바로 사람들에 대한 끊임없는 '관심'에서 비롯되었습니다. 사람들이 무엇을 좋아하는지, 무엇을 하고 싶어 하는지, 무엇을 보고 싶어 하는지, 또 무엇을 갖고 싶어 하는지에 귀 기울이며 끊임없이 연구하다 보면, 마침내 다른 이들이 발견하지 못한 나만의 옥석이 보이기 시작합니다.

☞

고객을 위해 더 나은 방향으로 나아갈 확신이 없다면
어떤 결정도 내릴 수 없습니다. 더 나아질 거라는 믿음을 가지고
그에 대해 준비하다 보면 결단이 필요한 순간이 찾아옵니다.
그때 비로소 결정을 내리면 됩니다.

잇적사고

문제를 해결하는
탁월한 능력을
갖추려면

문제는 이상과 현실의 차이다.

문제의 핵심을 꿰뚫어볼 수 있는 통찰 지능이
뛰어난 인재를 찾는 것이 숙제다.

CEO로서 많이 받는 질문 중 하나는 '어떤 인재를 찾는가?', '어떤 인재가 좋은 인재인가?'라는 것입니다. 쉽다면 쉽고 어렵다면 어려운 질문입니다. 좋은 인재에 대한 기준은 이미 우리 스스로 잘 알고 있습니다. '하는 일에 얼마나 전문성을 가졌는가, 의사소통 능력이 있는가, 협업을 통해 공통의 목표를 달성할 수 있는 능력이 있는가, 인성이 좋은가, 빠른 환경에 적응하고 유연하게 대처할 수 있는가 등' 인재가 갖춰야 할 다양한 조건들이 있습니다. 그런데 이 중에서 좋은 인재를 가려낼 수 있는 단 하나의 기준이 뭐냐고 묻는다면 "문제를 해결하는 데 탁월한 능력을 갖춘 사람"이라고 답할 것입니다.

문제라는 것은 이상과 현실의 차이입니다. 우리가 나아가고자 하는 방향이 이상이라고 하면, 현실은 그에 따라주지 않는 상태를 말합니다. 우리가 더 많은 문제를 발견하고 해결해 나갈수록 우리의 세상은 '이상'에 가까워지는 것이고, 세상을 더 나은 방향으로 이끌어가는 '일'입니다. '문제를 해결하는 데 탁월한 능력을 가진 사람'이야말로 함께 일하고 싶은 인재입니다. 그런데 나 자신도 시시각각 변하는데 나와 맞는 인재를 찾는 것은 정말 기적에 가까운 일입니다.

그렇다면 우리는 어떻게 문제를 탁월하게 해결할 수 있을까요? 이 질문은 우리 모두가 한 번쯤 고민해 보아야 할 중요한 과제입니다. 이를 해결하기 위해서는 크게 세 가지 능력이 필요합니다.

① 문제가 무엇인지 정확하게 인식해야 합니다.

② 무엇이 문제인지 본질을 정확히 꿰뚫어야 합니다.

③ 문제의 근본적인 해결책을 찾아야 합니다.

안타깝게도 실제 업무에서는 이 세 가지를 탁월하게 수행하는 사람을 찾기가 쉽지 않습니다. 특히 첫 단계인 문제를 정확히 인식하는 것부터 종종 빗나가곤 합니다.

예를 들어, 제가 콘도를 운영할 당시, 주차장 차단기와 관련하여 2억 원 규모의 긴급 공사를 해야 한다는 보고가 있었습니다. 차단기 센서가 제대로 작동하지 않아 차량이 돌아 나가야 하는 일이 자주 발생하니, 고객 불편을 해소하기 위해 별도의 회차 도로를 만들자는 제안이었습니다. 과연 이것이 적절한 해결책이었을까요? 문제의 본질을 제대로 짚어볼 필요가 있습니다. 겉으로는 '주차장 차단기가 열리지 않아 회차할 곳이 없어 불편하다'라는 것이 문제로 보일 수 있습니다. 하지만 한 단계 깊이 들어가면, 핵심은 '센서가 제대로 인식되지 않는 것'이었습니다. 센서가 작동하지 않으니 차단기가 열리지 않았고, 결국 고객이 회차해야 하는 상황이 발생한 것입니다. 실제로 현장을 조사해 보니, 차량이 출입구로 들어갈 때 번호판과 센서의 각도가 맞지 않는 것이 문제였습니다. 이를 해결하기 위해 차량이 센서를 정확히 인식할 수 있도록 가이드 봉을 세워 접근 각도를 조정했습니다. 이렇게 간단한 조치로 문제를 손쉽게 해결하며 막대한 비용도 절감할 수 있었습니다.

비슷한 사례가 또 있습니다. 워터파크에서는 아이들이 미끄러지는 사고가 자주 발생했습니다. 가장 큰 위험 요인은 유아동풀 입수 지점에 설치된 계단이었습니다. 아이들이 물속에 계단이 있는 줄 모르고 뛰어들다 보니 발목을 접질리거나 계단에서 구르는 사고가 발생한 것입니다. 많은 사람들은 문제를 '계단이 설치된 것'으로 보고, 이를 해결하기 위해 계단을 제거하고 바닥에 미끄럼 방지 타일을 까는 공사를 떠올렸습니다.

그러나 사고의 근본 원인은 '아이들이 뛰는 행동'에 있었습니다. 이를 해결하기 위해 입수 지점에 안전봉을 어긋나게 배치했더니 아이들이 자연스럽게 천천히 걸어 들어가게 되었고, 사고 위험은 크게 줄어들었습니다. 비용과 시간이 많이 드는 공사를 하지 않

현재 상태(As-Is) : 주차장 차단기 미작동(센서 인식 오류)		
	A to Z	**Z to A**
문제 인식	고객 차량 회차 불가	주차장 차단기 인식 오류
해결 방식	회차도로 긴급공사	→ 왜 차단기를 통과하지 못하지? → 번호판과 센서 각도 불일치 → 센서 인식이 잘 되도록 → '가이드 봉' 설치 → 끝
소요 예산	2억 원	50만 원

잇적사고

고도 문제를 효과적으로 해결한 사례입니다.

문제를 해결하는 방식은 문제를 바라보는 관점에 따라 크게 달라질 수 있습니다. 이는 시간, 비용, 노력에 있어 큰 차이를 만들며, 문제 해결 능력이 뛰어난 인재를 선호하는 이유이기도 합니다. 문제를 쉽게 해결할 줄 아는 사람은 통찰지능(Insight Quotient)이 높은 사람입니다.

통찰지능이란 IQ(지능지수)와 EQ(감성지수)만으로는 설명할 수 없는 통합적 지능을 의미합니다. 쉽게 말해, 주변에서 벌어지는 사건의 맥락을 읽고 보이지 않는 것을 보는 능력입니다. 이는 다양한 변수를 고려하고 정보를 종합해 새로운 관점에서 문제를 해결하거나 혁신적인 아이디어를 도출할 수 있음을 뜻합니다. 하지만 이런 통찰지능은 단순히 지식을 쌓는다고 해서 키워지지 않습니다. 오

현재 상태(As-Is) : 워터 파크 내 아동 안전사고(찰과상)		
	A to Z	**Z to A**
문제 인식	식별이 어려운 계단	아이들의 뛰는 행동
해결 방식	계단 철거 & 미끄럼 방지 타일 공사	→ 왜 아이들이 다치지? → 아이들이 뛰다가 계단을 미처 못 보니까 → 속도 절감 안전바 설치 → 끝
소요 예산	1억 원	2천만 원

히려 다양한 직간접 경험을 통해 사고의 폭을 넓히고, 겉으로 드러나지 않는 맥락을 꿰뚫어 보는 지속적인 훈련이 필요합니다. 통찰 지능을 키우기 위한 구체적인 방법은 다음 네 가지로 정리할 수 있습니다.

첫째, 폭넓은 관점을 유지하는 것입니다. 하나의 단면만 보지 않고 다각도로 바라보는 습관을 들여야 합니다. 이를 위해 책과 신문, 팟캐스트 등을 통해 다양한 주제의 지식을 쌓거나, 다양한 배경과 경험을 가진 사람들과 대화의 기회를 갖는 것이 유익합니다. 또한, 온라인 강의, 워크숍, 세미나 참여는 생각의 폭을 확장하는 데 큰 도움이 됩니다.

둘째, 창의적 사고를 기르는 것입니다. 문제의 본질을 파악하는 연습이 중요합니다. 남충식의 책, 『기획은 2형식이다』에서는 문제를 발견했을 때 '왜 해야 하지?'라는 질문을 계속 던져보라고 합니다. 무엇이 문제인지 깊이 생각하다 보면 본질에 가까워질 수 있습니다. 반면, 현상의 원인만 파고들 때 시야가 좁아지고 문제 자체에 매몰되기 쉽습니다.

셋째, 지속적인 학습과 자기 계발의 노력을 멈추지 않아야 합니다. 통찰력은 단기간에 얻어질 수 없습니다. 새로운 것을 시도하고 기존 지식과 융합하며 통찰력을 키워가는 과정이 필요합니다.

넷째, 실패를 두려워하지 않는 것입니다. 실패는 새로운 도전을 막는 가장 큰 장애물입니다. 하지만 극복할 수 있는 실패는 배움의

　　　　　　　　　　　　　　　　잇적사고

과정일 뿐입니다. 실패를 두려워하지 않고 도전할 때 통찰지능은 더욱 강화됩니다.

그런데 문제를 해결하기 위해 가장 중요한 선행 조건이 있습니다. 바로 문제를 발견할 줄 알아야 한다는 점입니다. 다른 사람들이 문제라고 생각하지 않는 것이라도 '개선의 여지'가 있는 것들은 모두 문제로 바라볼 줄 아는 예리한 시각이 필요합니다. "이 정도면 괜찮지" 혹은 "괜히 문제를 키워봤자 나만 피곤해"라는 방관자적 태도를 버리고, 아주 작은 것 하나라도 조금 더 나은 방향으로 개선하려는 능동적인 태도를 가지는 것이 중요합니다. 바로 그 지점에서 통찰력이 빛나기 시작하며, 다른 사람들과 차별화된 경쟁력을 가지게 되는 것입니다.

☞
문제를 해결하는 탁월한 능력을 갖추는 법
❶ 문제가 무엇인지 정확하게 인식해야 합니다.
❷ 무엇이 문제인지 본질을 정확히 꿰뚫어야 합니다.
❸ 문제의 근본적인 해결책을 찾아야 합니다.
❹ 반드시 더 좋은 길이 없는지 지속해서 찾아봐야 합니다.

일머리가
없는 사람들의
공통점

부지런함의 반대말은 조급함이다.

일머리 없는 사람들의 가장 큰 문제는
자신이 일머리가 없다는 것조차
알지 못한다는 것이다.

열심히 해도 자꾸만 실패한다면
메타인지 능력부터 갖춰야 한다.

잇적사고

하나의 목표를 향해 구성원들을 이끌다 보면 낙오자가 생기기 마련입니다. 모두가 열심히 목표를 향해 나아가는데도 엉뚱한 방향으로 튀어 나가거나 아예 반대로 움직이는 사람들도 종종 나타납니다. 이들은 심각한 결격 사유가 있다기보다 '일머리' 즉 업무 처리 센스가 부족한 경우가 많으며, 다음 여섯 가지 공통점을 보입니다.

첫째, 고집불통입니다. 기존 방식만 고집하며, 더 효율적인 방법을 제안받아도 이를 수용하지 않습니다. 자신의 의견을 이해하지 못한다고 여기며, 자신의 방식이 옳다는 생각으로 밀어붙이곤 합니다. 심지어 최종 결정자인 CEO가 지적해도, 겉으로만 고개를 끄덕일 뿐 고집을 꺾지 않는 경우가 많습니다. 기업의 목표나 상사의 방향에는 무관심하고, 자신의 방식대로만 일하려 합니다.

둘째, 잘못을 숨기기에 급급합니다. 고집이 센 이들은 업무에서 실수가 생기면 이를 덮으려 전전긍긍하며, 혼자 해결하려다가 상황을 더 악화시키는 경우가 많습니다. 결국 문제가 드러났을 때, 이를 해결하려는 노력보다는 자기 변명에만 급급합니다. 자기 잘못을 인정하려 들지 않는 태도가 반복되며 조직 내 신뢰를 떨어뜨립니다.

셋째, 자신의 업무에 관한 질문에 명확히 답변하지 못합니다. 이는 업무를 제대로 파악하지 못한 경우도 있지만, 상대방의 질문을 제대로 이해하지 못하는 경우도 많습니다. 소통을 통해 부족한 부분을 채워나가며 협업해야 하는 상황에서는 특히 다루기 어려운 유형입니다.

넷째, 일을 비효율적이고 비생산적으로 처리합니다. 항상 바빠 보이지만 정작 일의 진전이 없는 사람들이 있습니다. 2시간이면 끝낼 일을 하루 종일 붙잡고 있으며, 항상 힘든 내색을 하기도 합니다. 열심히 일하지만 성과를 내지 못하는 사람은 요령만 피우는 사람보다 더 도움이 되지 않을 때가 있습니다.

다섯째, 자신에게는 관대하면서도 타인에게는 냉정한 사람들입니다. 자신이 하지 못한 일에 대해서는 온갖 핑계와 변명을 늘어놓지만, 정작 다른 사람이 실수하면 가차 없이 냉정하게 대합니다. 이런 유형의 사람들은 구성원 간 신뢰를 깨뜨리고 팀워크를 약화시킵니다. 우리는 오히려 타인에게는 관대하고, 자신에게는 철저할 필요가 있습니다.

마지막으로 조급함과 부지런함을 혼동하는 사람들입니다. 이들은 불안에 휩싸여 빠르게 처리하는 데만 급급합니다. 조급하다는 것은 시야가 좁다는 뜻입니다. 여유를 가지면 목표와 방향을 고민하며 해결책을 찾을 수 있지만, 이들은 당장 눈앞의 일에만 매달립니다. 결국 지엽적 해결에 그치고 목표에 도달하지 못한 채 장애물에 부딪히게 됩니다. 일을 할 때 가장 경계해야 할 태도가 바로 조급함입니다.

이처럼 목표를 향해 나아가지 못하고 자꾸만 낙오되는 사람들까지 포용하며 함께 나아가려면 어떤 노력이 필요할까요? 제가 꼭

잇적사고

강조하고 싶은 6가지 실천 방안이 있습니다. 이름하여, '부양끝 결진때'입니다.

① 조급해하지 않고 부지런하다. ② 속이지 않고 양심에 따라 행동한다. ③ 경쟁하지 않고 끝까지 즐긴다. ④ 따지지 않고 결과로 보여준다. ⑤ 누구에게나 진심으로 대한다. ⑥ 흔들리지 않고 때를 기다린다.

이 여섯 가지만 잘 실천해도 일머리가 없다고 조직에서 낙오되는 일은 없을거라 확신합니다. 또한 이처럼 구성원 각자가 구체적인 실천 목표를 세우고 스스로 점검하며 업무에 임할 때, 비로소 하나의 목표를 향해 전체가 힘차게 나아갈 수 있을 것입니다.

☞

목표를 세워도 실패하기 쉬운 사람들의 6가지 특징
❶ 고집이 셉니다.
❷ 잘못을 인정하지 않습니다.
❸ 자신의 업무에 대해 제대로 답하지 못합니다.
❹ 효율성을 높이는 데 관심이 없습니다.
❺ 자신에게 관대하고 타인에게 냉정합니다.
❻ 조급하며 결국 아무것도 이루지 못합니다.
이들의 가장 큰 문제는 자신이 여기에 해당되는지도 모른다는 점입니다.

조급해하지 않고 **부**지런하다.
속이지 않고 **양**심에 따라 행동한다.
경쟁하지 않고 **끝**까지 즐긴다.

따지지 않고 **결**과로 보여준다.
누구에게나 **진**심으로 대한다.
흔들리지 않고 **때**를 기다린다.

CEO의 마음을
훔치는
보고의 기술

보고는 직원 업무 능력을 평가하는 기본 잣대다.

보고의 최종 목적은 리더를 감동시키는 것이다.

CEO가 바라는 것은 '완벽한 보고'가 아닌
'기업 성장을 돕는 보고'이다.

CEO의 업무는 '보고받기'와 '의사결정'의 연속이라 할 수 있습니다. 꼬리에 꼬리를 무는 회의를 통해 각 부서의 사업이 어떻게 진행되고 있는지 끊임없이 보고받고, 그 속에서 수많은 의사결정을 내려야 합니다. 보고의 수준에 따라 의사결정의 선택지가 달라지기 때문에, 직원들에게 항상 더 높은 수준의 보고를 기대할 수밖에 없습니다. 보고는 직원들의 업무 능력을 평가하는 가장 기본적인 기준이 됩니다. 보고를 잘한다는 것은 자신의 업무 내용을 명확히 파악하고 있으며, 기업이 원하는 방향으로 업무를 잘 진행하고 있다는 것을 의미합니다. 따라서 '보고'는 자신의 업무 능력을 한껏 뽐낼 수 있는 무대이자, CEO의 마음을 사로잡을 수 있는 결정적 기회라 할 수 있습니다.

보고를 잘하는 직원은 CEO의 마음을 움직일 줄 아는 사람입니다. 이는 단순히 데이터를 나열하거나 보고 형식을 잘 갖추는 것만으로는 이루어지지 않습니다. 보고는 단순한 업무 전달이 아니라, CEO가 원하는 결과를 예측하고 이를 구체적으로 보여주는 과정입니다.

CEO를 감동시키는 보고는 그 시작부터 다릅니다. 우선, CEO가 원하는 것(Z to A)이 무엇인지 명확히 이해해야 합니다. 이들은 보고서를 작성하기 전, CEO가 이 프로젝트에서 무엇을 얻고자 하는지를 깊이 파악합니다. '이 보고대로 진행하면 내가 원하는 결과를 얻을 수 있겠구나'라는 확신을 CEO에게 줄 수 있어야 합니다.

그러기 위해서는 보고의 핵심이 되는 방향성을 설정하는 것이 가장 중요합니다. 이 방향성을 기반으로 프로젝트의 흐름과 의도를 조율하고, CEO가 원하는 것과 자기 생각을 일치시키는 과정이 필요합니다.

한편, 간혹 직원들이 보고 전에 CEO의 의도를 제대로 이해하지 못한 채 자기 생각(A to Z)으로만 보고서를 작성하는 경우가 있습니다. 이는 대체로 지시 내용을 명확히 이해하지 못한 데서 비롯됩니다. 'CEO가 원하는 A 방향'을 중심으로 하되, 'A-1, A-2, A-3'과 같은 다양한 대안을 제시하는 것이 효과적입니다. 이를 통해 CEO와의 소통을 더욱 강화하며, 보고 내용을 조정해 나갈 수 있습니다. 특히, CEO가 명확한 대안을 원할 때 이를 준비하는 직원의 태도는 신뢰를 쌓는 데 큰 영향을 미칩니다.

보고를 잘하는 직원들은 종종 '엑스트라 마일'을 보여줍니다. 리더의 의도를 파악한 후, 추가적인 인사이트를 통해 더 나은 대안을 제시하려는 태도는 보고의 질을 한 단계 높입니다. 이들은 단순히 문제를 해결하는 것에 그치지 않고, 자기 아이디어에 대한 확신과 책임감을 가지고 끝까지 설득하려 합니다. 이는 CEO로 하여금 "이 친구는 에이스다"라는 평가를 받게 하는 핵심 요소입니다.

또한, 보고를 잘하는 직원은 CEO의 시간과 에너지를 절약하는 방법을 알고 있습니다. 보고서를 작성할 때는 보고받는 사람의 관점에서 자료를 구성합니다. 예를 들어, 보고서의 첫 페이지에 전체 분량과 소요 시간을 명확히 기재함으로써, CEO가 보고의 중요성과 필요한 에너지를 한눈에 파악할 수 있도록 돕습니다. 이와 함께 불필요한 정보를 과감히 배제하고, 핵심 정보만을 요약해 구성합니다. 실무에서 얻은 다양한 정보들은 간결하고 명확하게 정리되어야 하며, CEO가 빠르게 이해할 수 있는 형태로 전달되어야 합니다.

특히, 보고 내용에 대한 근거를 확실히 제시하는 것도 중요합니다. 보고대로 진행했을 때 기대되는 결과뿐만 아니라, 발생할수 있는 리스크와 이에 대한 대안을 마련해 놓는 직원은 CEO에게 깊은 신뢰를 줍니다. 이들은 실패에 대한 가능성을 간과하지 않고, 예상되는 위험 요소를 명확히 전달하며 이를 최소화하는 방법을 제안합니다. 이는 CEO의 의사결정을 돕는 중요한 요소로 작용합니다.

마지막으로, 보고를 잘하는 사람들은 '보고의 시간'을 즐길 줄압니다. 이들은 자신감 넘치는 태도와 열정으로 보고에 임합니다. 보고서를 단순히 읽는 데 그치지 않고, 핵심적인 내용을 중심으로 CEO의 결정을 유도하는 방식으로 전달력을 발휘합니다. 이러한 자신감과 열정은 보고서의 신뢰도를 높이며, CEO가 보고 내용을 빠르게 승인하도록 만듭니다.

보고는 단순히 업무의 일환이 아닙니다. 그것은 CEO와의 중요한 소통이자, 자신의 역량을 증명하는 기회입니다. 보고를 잘하는 직원들은 이 기회를 활용해 신뢰를 쌓고, 자신의 가치를 입증해냅니다. 이들이 보여주는 탁월한 보고 능력은 조직 내에서의 중요한 자산이 됩니다.

반대로, 부실하고 믿을 수 없는 보고를 하는 직원들에게도 몇 가지 특징이 있습니다. 가장 흔한 경우는 고객 조사를 작위적으로 활용하거나 통계를 왜곡하는 경우입니다. 자신의 주장을 뒷받침하고 논리의 틈을 메우기 위해 허술한 고객 조사 결과를 끼워 넣거나, 자신에게 유리한 통계만 선택적으로 사용하는 방식입니다. 이런 사례는 워낙 흔하므로 일일이 질책할 필요는 없습니다. 다만, 해당 직원이 얼마나 자기 생각에 매몰되어 있는지를 AS-IS(현재 상태)로 확인하고, 이를 통해 업무 능력을 냉정히 평가하는 기회로 삼는 것이 중요합니다.

또한, 일부 직원들은 CEO에게 외부 리스크와 과장된 공포를 활용해 자신이 원하는 방향으로 끌고 가려는 경우도 있습니다. 치명적일 수 있는 위협적 결과만을 강조하며 CEO가 선택하지 않을 수 없도록 압박합니다. 동시에, 선택에 대한 책임은 CEO에게만 떠넘기려 합니다. 하지만 그 정도로 위험한 소지가 있는 사안이라면 미리 위험 요소를 관리하고 대안을 마련하는 노력이 선행되어야 합니다. 이러한 노력이 없는 상태에서 최종 결정을 CEO에게 떠넘기는 것은 자신의 무능함을 드러내는 것에 지나지 않습니다. 상사와

CEO조차 감동시키지 못하면서 어떻게 고객 감동을 실천할 수 있겠습니까?

CEO에게 이뤄지는 보고는 최고 의사결정권자의 판단을 구하는 중요한 과정입니다. 이 판단이 쌓이고 쌓여 기업의 운명을 결정짓기 때문에 보고의 중요성은 아무리 강조해도 지나치지 않습니다. 보고를 잘한다는 것은 단순히 사람들 앞에서 발표를 잘한다는 의미가 아닙니다. 이는 자신이 해당 업무를 어떻게 바라보고 있는지, 어떤 가치관으로 일을 하고 있으며, 어느 정도의 실행력을 갖추고 있는지를 여실히 보여주는 기회입니다. CEO가 기대하는 수준을 정확히 파악하고 100% 만족스러운 보고를 준비하는 것은 현실적으로 어려운 일일 수 있습니다. 그러나 CEO가 원하는 방향을 명확히 이해한 후, 다음과 같은 핵심 메시지를 전달하는 보고를 준비한다면 90% 이상의 성공을 거둘 수 있습니다.

① 결정에 대한 확신을 주는 보고
② 새로운 인사이트를 확장시켜 주는 보고
③ 위험 요소를 미리 피할 수 있게 해주는 보고

이러한 보고는 의사 결정자를 신뢰하게 만들며, 기업의 성장과 성공을 위한 중요한 초석이 됩니다.

CEO가 바라는 보고는 단순히 '완벽한 보고'가 아니라 '기업의 성장을 도와주는 보고'임을 이해하고, 끝내 멋진 결과물을 만들어 내겠다는 집요함으로 승부한다면, 어느새 CEO의 마음을 사로잡는 '보고의 달인'이 되어있을 것입니다. 분명한 사실은, 보고를 통해 CEO와 상사를 만족시키고 엑스트라 마일의 태도를 보여줄 것인지 아닌지는 결국 본인이 선택하고 만들어낸 결과물이라는 점입니다. 회사가 자신의 능력을 인정하지 않는다고 원망하기 전에, 혹시 자신의 보고 능력이 수준 미달은 아니었는지 먼저 점검해 봐야 하지 않을까요?

☞

CEO는 보고를 통해 직원의 능력을 평가합니다.
보고의 장(場)은 스스로가 어떤 생각에 매몰돼 있는지를
적나라하게 드러내는 자리이기도 합니다.

발전적 피드백이
고래를
춤추게 한다

무조건적인 칭찬은 자아성찰을
가로막을 수 있다.

구성원의 성장을 이끄는
발전적 피드백에 집중하라.

긍정적 피드백과 발전적 피드백의 비율을
3:1 정도로 조정하는 것이 좋다.

잇적사고

성공의 첫 번째 열쇠이자 사람의 성장을 돕는 최고의 도구는 무엇일까요? 아마도 많은 분들이 '칭찬'이라고 답하시겠죠. 그런데 칭찬에는 정말 긍정적인 효과만 있을까요?

미국 컬럼비아대학교의 스테이시 핀켈스타인(Stacey R. Finkelst-ein) 교수는 흥미로운 실험을 통해 피드백의 방식이 학습자에게 미치는 영향을 실험했습니다. 먼저 프랑스어 수업에 등록한 대학생들을 실력에 따라 두 그룹으로 나눈 뒤, 두 명의 강사를 비교 경험하게 했습니다. 첫 번째 강사는 학생들에게 무언가를 할 때마다 '잘한다'는 칭찬을 아낌없이 해주는 긍정적인 피드백을 제공했으며, 두 번째 강사는 학생들의 실수를 구체적으로 지적하고 개선 방향을 제시하는 발전적인 피드백을 해주었습니다. 그리고 학생들에게 어느 강사가 더 좋은지 물었는데 예상 밖의 결과가 나왔습니다. 프랑스어 초보자들은 두 강사에 대한 선호도가 비슷했지만, 실력이 높은 학생일수록 두 번째 강사를 더 선호했습니다. 이는 무조건적인 칭찬보다 자신의 부족한 점을 구체적으로 지적하고 개선을 도와주는 발전적인 피드백이 더 효과적임을 보여줍니다. 이 실험이 우리에게 시사하는 중요한 메시지는 뭘까요? 바로 칭찬과 피드백은 받는 사람의 수준과 필요에 따라 적절히 조정되어야 한다는 것입니다.

이것은 리더들에게 중요한 인사이트를 제공합니다. 칭찬을 통해 동기를 부여하되, 긍정적 피드백과 발전적 피드백을 상황에 맞게 사용하는 것이 핵심이라는 것 말입니다. 긍정적 피드백은 구성원이 긍정적 행동을 했을 때, 그 행동과 결과를 구체적으로 짚고 감사와 신뢰를 표현하는 것입니다. 무엇을 잘했는지, 얼마나 노력했는지, 그 결과가 어떤 영향을 미쳤는지를 명확히 전달해야 합니다. 반면, '잘한다'나 '최고다' 같은 추상적이고 무조건적인 칭찬은 피하도록 합니다. 구체적인 근거와 상황을 덧붙여야 칭찬이 진심으로 느껴지고 긍정적 효과를 낼 수 있습니다.

발전적 피드백은 구성원이 성장하고 개선할 수 있도록 돕는 형태로, 기대에 미치지 못한 행동을 개선할 때 효과적입니다. 어떤 행동이 문제가 되었는지 구체적으로 짚고, 개선 방향을 제시하는 데 초점을 둡니다. 인신공격이나 꾸지람, 호통과 같은 부정적 피드백은 좌절감을 남기지만, 발전적 피드백은 부족한 점을 보완하고 성장을 도울 수 있습니다.

이때 특별히 잊지 말아야 할 점은 상대방이 발전적 피드백을 받아들일 준비가 되었는지 확인하는 것입니다. 아무리 좋은 피드백이라도 상대방의 마음에 와닿지 않으면 듣자마자 흘러가 버리기 때문입니다. 고객의 니즈에 맞춰 제품을 설계하듯, 피드백도 받는 사람의 상태와 상황에 따라 성격과 내용을 조정해야 합니다. 긍정적 피드백과 발전적 피드백은 3:1 비율로 구분해 전달하는 것이 효과적입니다. 특히 신입 사원이거나 새로운 업무로 스트레스를 받는 상황이 아니라면 이 비율을 유지하는 것이 신뢰를 얻고 동기를

잇적사고

유발하는 데 도움이 됩니다.

어찌 보면 CEO는 조련사와 같습니다. 구성원들에게 당근과 채찍을 적절히 섞어 제공해 성장을 돕는 것이 중요합니다. 경영 현장에서 쌓은 경험을 통해 깨달은 것은, 무조건적인 칭찬과 응원이 오히려 구성원들을 자만심과 나태함의 덫에 빠뜨릴 수 있다는 점입니다. 능력 있는 CEO는 구성원들에게 일의 재미와 성취감을 느끼게 하고 스스로 발전하도록 유도합니다. 이것이 진정한 의미에서 '고래를 춤추게 하는 방법'입니다.

☞

발전적 피드백을 잘하는 네 가지 노하우

❶ 구체성

피드백은 모호하지 않고 구체적이며 명확해야 합니다.

❷ 행동 중심

피드백은 개인의 성격이나 인격이 아닌

특정 행동이나 작업에 초점을 맞춰야 합니다.

❸ 목표 지향적

개인이나 팀의 목표 달성을 돕는

긍정적이고 방향성 있는 피드백이어야 합니다.

❹ 실행 가능성

피드백을 통해 바로 개선할 수 있는

구체적인 방법이나 전략을 제시해야 합니다.

DEMANDING

**몰입이
성장을 낳는다**

더욱 긴밀하게 연결되는 세계,
기하급수적인 변화가 파도치는 시대.
우리가 '나'로서 행복한 성취를 이루는 방법은
끝까지 즐기고, 집요하게 몰입하는 데 있습니다.

집요하게 일하려면,
일의 순서를
뒤집어라

이루고 싶은 꿈이 있는가?
그렇다면 구체적으로 상상하라.

일의 순서를 바꾸는 것만으로도
내가 원하는 성공에 가까워질 수 있다.

실패 없는 성공 방정식
= Z to A × 실행

글로벌 기업 아마존의 'PR/FAQ' 기획 프로세스라고 들어보셨나요? 여기서 PR은 'Press Release(보도자료)'의 약자로, 상품이나 서비스를 출시할 때 언론 보도를 미리 상상하며 기사를 작성하는 방식을 말합니다. 또한 FAQ는 'Frequently Asked Questions(자주 묻는 질문)'의 약자로, 고객이 예상할 질문과 답변을 사전에 준비하는 것을 의미합니다. 아마존이 이런 PR과 FAQ 방식을 활용해 상품을 기획하는 이유는 명확합니다. 고객 관점에서 가장 완벽한 상품과 서비스를 상상하고, 이를 통해 보완점과 안내 사항까지 철저히 준비하기 위함이죠. 일의 순서를 완전히 뒤집은 것입니다. 이는 제가 늘 추구해 온 'Z to A' 방식의 실현과도 같습니다.

"보도자료가 기존 제품들보다 더 의미 있는 기술이나
단계적으로 개선된 고객 경험을 묘사하지 못한다면
그런 제품은 개발할 가치가 없다."
- 제프 베이조스, 아마존 창립자

아마존의 'PR/FAQ' 방식을 벤치마킹하여 실제 업무에 적용한 구체적인 과정을 살펴볼까요? 먼저 각 사업장에서 마케팅 전략이 필요한 어젠다를 보고받아 이를 기반으로 실행에 옮깁니다. 예를 들어, 2023년 10월에는 각 골프장에서 새해맞이 특별 이벤트 상품 기획 요청이 있었습니다. 해당 안건이 확정되면 가장 먼저 데이터

Z to A 방식의 업무 프로세스	
❶ 어젠다 설정	• 프로젝트의 핵심 과제의 목적과 목표를 바르고 원대하게 정의
❷ 디지털 마케팅 전략 수립	• 집중 타깃 고객 분석 (고객 니즈와 구매 여정 파악)
	• 온라인 시장 분석 (경쟁사와 시장 트렌드 조사)
	• 데이터 분석 (고객 요구와 경쟁사의 성과 비교)
	• 마케팅 전략 수립 (타임라인 포함, 실행 계획 작성)
❸ 프레스 릴리스(PR) 및 FAQ 작성	• 고객 관점에서 완벽한 상품 및 서비스를 상상하며 보도자료 작성 • 예상 질문에 대한 답변 준비
❹ 실행	• 기획안을 바탕으로 실질적인 업무 진행
❺ 전사 공통 적용 Ctrl + C, Ctrl + V	• 성공 사례를 기반으로 회사 전체에 동일한 전략 복제 및 확산
❻ 발전적 Feedback	• 지속 업그레이드

분석을 시작합니다. 골퍼들이 연초에 어떤 키워드로 상품을 검색하고 예약하는지, 선호하는 지역은 어디인지 등 고객의 세밀한 니즈를 파악합니다. 또한 고객 구매 여정을 시뮬레이션하며 구체적인 인사이트를 도출합니다.

더불어 지난 몇 년간 경쟁사와 우리 기업의 이벤트 성과를 비교 분석하며, 매출 데이터와 고객만족도 설문조사 결과를 참고해 유의미한 힌트를 얻습니다. 이를 바탕으로 집중 타깃 고객과 온라인 채널을 선정하고, 난상 토론을 통해 고객이 선호할 만한 상품 기획 아이디어를 개발합니다.

기획의 핵심은 두 가지입니다. 경쟁사에서 제공할 수 없는 차별화된 서비스일 것, 그리고 고객이 타사 제품과 비교할 필요 없이 바로 구매를 결정할 만큼 매력적이어야 한다는 것입니다. 직원들조차 구매 욕구를 느낄 상품이라면 성공 가능성은 더욱 커집니다. 2024년 루나엑스CC의 새해맞이 24홀 이벤트 상품은 이러한 기준을 충족한 성공적인 사례였습니다.

이벤트 상품의 콘셉트를 결정한 후에는 보도자료와 FAQ부터 작성합니다. 보도자료는 앞으로 상품이 출시되면 언론에 어떻게 보도될지 미리 상상해서 기술하는 것인데, 우리가 고객에게 판매하고 싶은 가장 이상적인 상품을 구체화하는 과정입니다. FAQ는 고객이 해당 이벤트 상품을 경험하는 과정 속에서 어떤 궁금증을 갖게 될지 미리 예측하고, 예상 답변을 작성함으로써 상품의 허점을 보완하는 방식으로 작성됩니다. 보도자료와 FAQ 작성의 핵심은 두괄식 구성으로 흥미를 끌고, 상세한 설명을 덧붙여 고객과 직원 모두 쉽게 이해할 수 있도록 만드는 것입니다. 이렇게 작성해 현장 직원들에게 공유하는데, 실행 중에 문제가 발생하면 현장에서 실현할 수 있는 대안을 찾아 해결하는 방식으로 이벤트 기획 상품을 완성해나갑니다. 이렇게 탄생한 상품과 서비스는 (Ctrl + C) + (Ctrl + V) 되어 전사적으로 확산되고, 다양한 사업 분야에서 혁신을 이루는 기반이 됩니다.

아마존의 방식을 적용해 Z(목적) to A(목표) 방식으로 업무 혁신을 이루면서 분명한 장점, 두 가지를 확인할 수 있었습니다. 첫째, 고객 관점에서 상품과 서비스를 개발할 수 있다는 점입니다. 둘째, 각 조직이 긴밀히 협력하며 한 가지 목적을 향해 빠르게 실행할 힘이 생겼습니다. 이상적인 상품과 서비스를 구체적으로 그려놓으니, 구성원들이 방향을 잃지 않고 각자 능동적으로 움직일 수 있었습니다. 먼저 목적을 설정하고, 이후 목표를 실행하는 방식이 성과를 극대화했습니다. 이 과정을 반복하다 보면 어느새 원하는 결과가 눈앞에 다가옵니다. 이것이 바로 제가 수없이 강조하는 Z to A의 마법입니다.

만약 수많은 생각을 하면서도 실행하지 못해 답답함을 느끼고 있다면, 오늘부터 Z to A를 통한 실행을 시도해 보세요. 가장 먼저 내가 꿈꾸는 것을 구체적으로 상상하며 기록합니다. 그런 다음, 이를 현실로 만들기 위해 지금 당장 해야 할 일을 우선순위에 따라 적습니다. 마지막으로, 실행에 옮기는 겁니다. 가장 쉬운 일부터 하나씩 처리하다 보면 어느새 목표에 가까워진 자신을 발견할 수 있을 것입니다. Z to A는 단순히 꿈을 이루는 도구가 아니라, 목표를 즐기며 집요하게 몰입할 수 있는 가장 쉬운 방법이기도 합니다.

2023년 Z to A 업무 성과	
❶ 시즌별 리조트 및 골프장 마케팅 프로젝트	• 시즌별 맞춤형 전략 (고객 만족도, 예약률 향상)
❷ 워터파크 디지털 마케팅	• 데이터 기반 타깃 마케팅 (방문자 수 증가)
❸ 루나엑스 5만 원의 행복 프로젝트	• 6홀 골프장 X 연습장 활용 • 유일무이 가성비 상품 기획
❹ 다양한 플레이 예약 시스템	• 다양한 옵션 제공으로 고객 편의성 증대 (2~3인 단독 플레이, 5인 플레이)
❺ 1,2,3 안심 조인 예약 시스템	• 안전하고 효율적인 예약 시스템 도입 (고객 신뢰 확보)
❻ 골프장 100% 노캐디 셀프 라운드 정착	• 새로운 골프 문화 확립과 비용 절감 효과
❼ 전 사업장 홍보 채널 통합 전략	• 브랜드 메시지 일관성 강화 및 운영 효율화

☞

Z to A 란?

명확한 목적과 비전을 설정한 후,

우선순위를 정해 구체적인 실행 방안을 단계적으로 실현해 나가는 방식

→ 철저히 고객의 관점에서 상품과 서비스를 개발할 수 있다.

→ 각 조직이 긴밀하게 협력하여 한 가지 목적을 향해
   동시다발적으로 실행할 수 있는 역량이 생긴다.

BUILDING
BLOCKS

결과부터 크고 명확하게 그려라.

이루고자 하는 것을 그리면
가야 할 길은 스스로 드러난다.

순서를 뒤집는 창의적인 발상으로부터
일의 우선순위가 정해지고

역순으로 촘촘히 실행에 옮기다 보면
성공이라는 보물이 발견된다

잇적사고

불안의 시대,
'안심'을
서비스하라

사람들은 자신의 불안을
해소하는 방향으로 소비한다.

사람들이 더 나은 선택을 할 수 있도록
이끄는 것이 성공의 열쇠다.

요즘처럼 쇼핑 정보가 넘쳐나는 시대에는 물건 하나를 사더라도 결정장애 증후군*을 겪는 사람들이 많습니다. 어떤 상품을 어디서, 얼마에 사야 가장 좋은 선택일지 고민하고 망설이는 일이 흔하죠. 이런 이유로 우리나라 온라인 쇼핑몰의 평균 구매 전환율(Purchase Conversion Rate)**은 1.89%에 불과합니다. 즉, 쇼핑몰에 방문한 100명 중 실제로 구매를 하는 고객은 2명도 되지 않는다는 뜻입니다. 기업 입장에서 고객이 구매를 망설이는 상황은 달갑지 않은 현실입니다.

그렇다면 왜 사람들은 이렇게까지 구매를 주저할까요? 여러 요인이 있겠지만, 핵심은 바로 '불안감'입니다. 수많은 상품이 쏟아져 나오다 보니 '어떻게 하면 이 중에서 가장 나은 상품을 선택할 수 있을지', '혹시나 선택을 잘못해서 손해를 보진 않을지' 걱정이 되는 것이죠. 이런 고객의 불안을 단번에 잠재울 수 있는 상품과 서비스를 제공한다면, 그만큼 소비자의 마음을 움직일 가능성이 높아집니다.

실제로 많은 기업들은 소비자의 '불안'을 해결하는 상품과 서비스로 성장해 왔습니다. 예를 들어, 미국의 유기농 식품 유통업체

---

* **결정장애 증후군** 선택을 포기하거나 망설이는 행동 양상. 햄릿 증후군, 선택 장애라고도 불린다. 일상에서 사소한 결정도 어려워하는 경우가 많으며, 심하면 우울증의 전조 증상일 수도 있다.
** **구매 전환율** 쇼핑몰에 방문한 사람 중 실제 구매를 하는 비율을 의미하는 지표로, 쇼핑몰의 매출과 직결된다. 구매 전환율이 높을수록 쇼핑몰이 잘 운영되고 있음을 나타내며, 낮은 경우라면 쇼핑몰의 문제점을 파악하고 개선할 수 있다.

'홀푸드 마켓'은 사람들의 '가짜 유기농 상품에 대한 불안'을 해소하며 큰 인기를 얻었습니다. 이곳은 미국 농무부의 품질 인증은 물론, 기업 자체의 엄격한 품질 기준까지 모두 통과한 진정한 유기농 상품만 판매합니다. 또한, 전 제품에 성분과 상세 정보를 명확히 표시해 소비자가 정보에 기반한 선택(Informed Choice)을 할 수 있도록 돕습니다. 구매한 상품이 만족스럽지 않을 때 언제든지 환불이 가능한 정책도 마련해 소비자의 불안 요소를 완전히 제거했습니다. 엄격한 품질 관리, 투명한 정보 공개, 무조건 환불 정책이 결합하여, 고객들은 홀푸드 마켓에서 구매할 때 실패할 이유가 없게 된 것입니다.

또 다른 사례도 있습니다. 미국이 깊은 경기 침체에 빠져 실업자가 급증하기 시작했을 때 자동차 시장도 급격히 얼어붙었습니다. 언제 회사를 그만둘지 모르는 상황에서 자동차를 할부로 구매할 배짱 좋은 사람이 과연 몇이나 되겠습니까? 현대자동차는 고객들이 '실직에 대한 두려움' 때문에 구매를 망설인다는 점을 정확히 파악하고 이를 해결할 '안심 서비스'를 내놓았습니다. 그것이 바로 자동차를 구매한 소비자가 1년 내 실직을 하면 판매했던 차를 되사주는 '실직자 구매보상제도'입니다. 결과는 어땠을까요? 경쟁사들이 매출 급락의 늪에 빠졌을 때 현대자동차만 승승장구를 이어갔습니다. 소비자들의 불안을 파고들어 높은 성과를 거둔 것이죠.

소비자들의 불안을 해결하고 새로운 안심 서비스로 성공하려

고객의 자유와 평온을 추구하는 글로벌 기업의 안심 서비스	
아마존	**무조건 반품 정책** (2017년) 고객이 제품을 구매한 후 이유를 불문하고 일정 기간 내에 반품할 수 있는 서비스
에어비앤비	**호스트 보장 프로그램** (2012년) 호스트가 손해를 입었을 경우 보상해주는 프로그램
소니	**연장 서비스 플랜** (2012년) 소니 제품 구매 후 추가 비용을 지불하면 무상 수리 보증 기간을 연장해주는 서비스
구글	**구글 보안 알림 서비스** (2010년대 초) 사용자의 계정에 대한 의심스러운 활동이 감지될 때 즉시 알림해주는 서비스
넷플릭스	**간편한 해지 서비스** (2007년) 고객이 원하면 언제든지 구독을 취소할 수 있는 서비스
애플	**애플케어** (2002년) 제품에 대한 연장 보증 및 기술 지원해주는 서비스
페이팔	**구매자 보호 프로그램** (2002년) 고객이 구매한 상품이 도착하지 않거나 설명과 다를 경우 환불을 보장해주는 서비스

면 두 가지 기본 원칙을 지켜야 합니다. 첫째, 상품과 서비스에 대한 정확하고 충분한 정보를 사전에 제공하는 것입니다. 불안한 고객일수록 정보를 찾아보고 공부하기를 좋아합니다. 후회 없는 선택을 위해 시간을 들여 필요한 정보를 모으죠. 이런 고객들을 위해

기업은 친절한 안내를 넘어 과도할 정도로 상세한 안내를 제공해야 합니다.

제가 기업을 이끌며 가장 강조했던 것도 바로 이 부분입니다. 고객이 묻는 것은 물론, 묻지 않는 것까지 미리 안내해야 합니다. 여기서 중요한 공식은 과도한 정보(Too Much Information)를 중요한 순서에 따라 일목요연하게(Succinct) 정리하는 것입니다. 고객이 상품과 서비스를 이용하면서 혼란을 겪지 않도록 세심하게 고려해야 합니다.

그렇다면 과도할 정도로 친절한 정보란 무엇을 의미할까요? 제가 생각할 때는 가장 까다로운 고객 입맛에 맞춰서 안내하는 것입니다. 예를 들어, 워터파크 렌털 구명조끼의 부력 측정치를 묻는 고객이 있는가 하면, 워터파크에 설치돼있는 선베드 설치 장소의 시간대별 일조량을 궁금해하는 고객도 있습니다. 이런 질문은 일반 고객들이 쉽게 떠올리지 못하는 수준이지만, 이를 미리 안내하면 고객 만족도와 서비스 신뢰도가 크게 향상됩니다.

워터파크를 운영할 때, 이런 방향에 따라 '사전 안내'에 많은 공을 들였습니다. 워터파크의 주요 고객은 어린 자녀와 동행하는 부모들로, 처음 방문하는 곳에 대한 불안감이 큰 편입니다. 물놀이 시설이 안전한지, 아이들이 먹을만한 먹거리가 있는지 등 다양한 정보를 미리 알고 싶어 합니다.

이런 고객들의 마음을 안정시키기 위해 다음과 같은 방식으로 사전 안내를 준비했습니다. 먼저, 고객의 여정을 ① 예약 전 ② 예약 후 방문 전 ③ 방문 당일 ④ 방문 후의 4단계로 나눕니다. 단계별로 고객이 궁금해할 만한 정보를 예상하고, 필요한 안내 사항을 빠짐없이 정리합니다. 이후 정리된 내용은 공식 블로그에 단계별로 포스팅합니다. 이때 마지막에 꼭 빠뜨리지 않는 것이 있습니다. 바로 고객이 각 정보를 쉽게 찾아볼 수 있도록 모든 링크를 모은 '목차 페이지'를 별도 블로그로 제작해 발행하는 것입니다. 고객이 필요로 할만한 정보를 맛있게 요리해서 입까지 떠먹여 준 것이라 할 수 있죠. 이유는 단 하나! 고객을 안심시키고 동시에 시간과 비용을 아껴주기 위해서입니다.

이러한 사전 안내에 충분히 공을 들이면, 고객은 모든 궁금증이 해소된 상태로 워터파크를 방문하게 됩니다. 덕분에 아무 걱정 없이 행복한 시간을 보낼 수 있고, 워터파크에 대한 만족도도 높아져 '다음에 또 방문하고 싶은 워터파크'로 기억될 수 있습니다. 더불어, 또 하나의 장점이 있습니다. 고객 문의와 현장 컴플레인이 크게 줄어들어 관련 직원들의 업무 부담과 스트레스도 함께 경감된다는 점이지요.

두 번째 공식은 현대자동차의 '실직자 구매보상제도'처럼 고객을 불안하게 만드는 '불확실성'을 최소화하거나 제거하는 것입니다. 이번엔 루나엑스의 사례를 들어볼까요?

골프장 방문을 앞둔 고객들이 가장 불안해하는 것은 무엇일까요? 바로 날씨입니다. 동반 플레이어와 어렵게 시간을 내서 방문을 하는데 당일 날씨가 좋지 않으면 하루를 버리는 셈이니 낭패일 수밖에 없죠. 먼 거리에 위치한 골프장의 날씨를 미리 예측하기 어렵고 날씨 예보마저 빗나갈 때가 많아 늘 불안할 수 밖에 없습니다. 그리고 라운드에 임박해서 취소하면 위약금까지 물어야 하니 금전적 손실을 피하기 위해 일주일 전부터 라운드 예약을 취소하기도 합니다. 이는 고객 뿐 아니라 골프장에도 큰 손해를 가져왔습니다.

이 문제를 해결하기 위해 고민한 끝에 탄생한 것이 '불량예보 안심제도'입니다. 이 제도는 기상 상황에 상관없이 고객이 안심하고 골프 예약을 할 수 있도록 돕는 서비스입니다. 예를 들어, 라운드 당일 날씨가 나빠지면 위약금 없이 예약을 취소할 수 있고, 4인 1팀으로 예약했더라도 일행 중 두세 명만 라운드를 원할 경우, 인당 요금만 내고 플레이할 수 있습니다. 또한, 라운드를 나갔다가 5홀 전 기상 여건으로 경기를 중단하면 기본요금만 지불하도록 배려했습니다. 과잉된 예보에 대한 불안감을 크게 줄이는 노력을 한 것이죠. 이로써 '날씨가 불안할 땐 루나엑스가 정답'이라는 인식을 골퍼들에게 심어줄 수 있었습니다.

기업은 고객의 신뢰를 통해 지속 가능한 생명력을 얻습니다. 고객은 자신의 불안을 잠재워주는 기업을 더욱 신뢰하기 마련입니다. 고객의 불안을 해소한다는 것은 단순히 문제를 해결하는 것을 넘어, 그들이 더 나은 선택을 하고 자신들의 선택에 확신을 가질 수 있도록 돕는 일입니다. 결국, 기업이 고객에게 제공해야 할 가장 중요한 가치는 상품이 아니라 '안심'입니다.

☞

'사람들이 무엇을 원하는지'를 집요하게 파고들다 보면
결국 '안심'이라는 하나의 단어로 귀결됩니다.
완벽한 서비스는 단 한 순간도 불안의 틈을 허용하지 않습니다.

잇적사고

유일무이의
가치를 창조하는
디테일의 힘

안내문 한 장도 집요하게 작성하라.

한 번 보면 잊을 수 없는
안내문을 작성하는 것이 핵심이다.

세상에는 수많은 안내문이 존재합니다. 중요한 정보나 지침을 많은 사람들에게 효과적으로 알리기 위해 꼭 필요한 글이죠. 기업을 경영할 때도 고객과 소통하는 데 있어서 안내문은 큰 역할을 합니다. 하지만 사람들은 우리가 열심히 써서 붙이는 안내문에 좀처럼 귀를 기울여주지 않습니다. 본인이 특별히 관심 있는 사안이 아니라면 대충 훑어보거나 쓱 지나치는 경우가 허다하죠.

고객이 안내문을 제대로 읽지 않아 생기는 불편은 고객과 기업이 함께 떠안아야 합니다. 그래서 저는 각종 안내문을 디자인할 때 어떻게든 고객이 읽고 싶어지도록, 한 번 읽으면 내용이 머릿속에 콕 박히도록 만들어달라고 요청해 왔습니다. 제가 생각했을 때 가장 이상적인 안내문은 고객이 그것을 보고 감동하여 사진으로 찍어 저장하거나, 다른 안내문을 작성할 때 참고 레퍼런스로 활용할 정도는 되어야한다는 거죠. 그만큼 고객에게 강한 인상을 남길 수 있는 안내문을 만들고 싶었습니다.

그 결과물은 옆 페이지에서 확인하실 수 있습니다. 여러 안내문이 있지만 그 대표적인 사례를 하나 자세히 소개하겠습니다. 바로 옆 페이지 위쪽에 두 개로 이어진 이미지 보이시죠? 이 안내문은 루나엑스 카트 안내문으로 카트 앞면 유리에 두 장을 이어서 부착했던 것입니다. 어떠신가요?

사실 이 안내문은 단순한 안내문이 아닙니다. 모두의 안전을 위한 캠페인 문구부터 골프장 시설 이용 안내까지, 루나엑스 골프장

(위) 루나엑스 카트 안내문
(아래) 워터파크 반입 금지 및 허용 품목 안내문

의 사용설명서를 단 두 장에 압축해 둔 것이라 할 수 있습니다. 루나엑스 이용자 모두가 캐디의 도움 없이 셀프 라운드를 진행해야 하므로 골퍼 스스로 골프 매너와 수칙을 지키는 것이 더욱 중요합니다. 이런 종합적인 안내문이 꼭 필요했던 이유죠. 그중에서도 이 안내문의 백미는 바로 정중앙에 배치된 도표입니다. 골프장에서 절대로 해서는 안 되는 금지 행동과 꼭 지켜야 할 수칙을 한눈에 보기 쉽게 디자인한 것인데, 보시다시피 원의 크기가 각각 다르고 화살표로 연결되어 있습니다. 혹시 그 이유가 짐작되시나요?

이는 고객들이 단 한 번만 봐도 전체 내용을 쉽게 기억할 수 있도록 유도하기 위해 마인드맵의 원리를 적용한 것입니다. 핵심 메시지들을 시각적으로 구조화하고, 연관성을 강화한 것이죠. 안내문을 카트 앞면 유리에 부착한 이유는 고객들이 라운드 중 틈틈이 볼 수 있게 하기 위함입니다.

실제로 안내문을 부착하자마자 눈에 띄는 효과가 나타나기 시작했습니다. 고객들이 카트에 타는 즉시 단 한 명이라도 안내문에 관심을 보이면, 나머지 동반자들도 자연스럽게 따라서 보게 됩니다. 결과적으로 노캐디 셀프 라운드에 대한 이해도가 높아지고, 익숙하지 않은 고객들도 별다른 어려움 없이 스스로 라운드를 즐길 수 있게 되었습니다. 무엇보다 기쁜 점은 노매너 골퍼들의 민폐 행동이 현격히 줄어들었다는 것입니다. 안내문을 통해 민폐 행동에 대한 경각심을 제대로 심어준 덕분입니다. 이처럼 잘 작성된 안내문 한 장은 10명의 직원이 나서야 해결할 일을 소화해 줍니다.

단순히 게시물만 부착하는 데 그치지 않고, 온라인을 통해 정보를 게시한 후, 해당 링크를 문자나 카톡으로 방문 전에 공유했습니다. 고객들이 우리 사업장에 도착하기 전에, 묻지 않는 것까지 미리 세심하게 안내하려는 조치였습니다. 이는 기업이 고객들을 위해 어디까지 세심하게 신경쓸 수 있는지 진정성을 보여준 것으로 고객 만족도를 높이는 비결이 됐습니다. 고객 감동을 실천하기 위해 사소한 것 하나 허투루 넘기지 않겠다는 의지이며, 기업 철학이기도 하죠. 안내문 한 장도 남들과 다르게, 그리고 집요하게 기획해서 만드는 디테일의 차이가 곧 기업의 독보적인 경쟁력이 될 수 있다고 굳게 믿습니다.

☞

과도한 친절이 감동을 부릅니다.

상세 페이지에
목숨을 걸어라

상세 페이지 한 장에도
기업의 철학을 담아야 한다.

상세 페이지는 고객의 궁금증을 미리 파악하고,
이를 명확하게 해결해 주기 위해 존재한다.

잇적사고

내가 원하는 상품을 찾아 '온라인 정보의 바다'를 헤매는 고객들에게 나침반이 되어주는 것, 그것이 바로 상세 페이지입니다. 상세 페이지는 제품이나 서비스의 세부 정보를 고객에게 전달해 구매 결심을 돕는 종합 디자인 안내글을 뜻합니다. 이 온라인 상세 페이지를 통해 기업은 고객과 처음으로 대면하게 되죠. 중요한 점은, 상세 페이지를 찾아온 고객은 단순히 지나가는 고객이 아니라는 사실입니다. 검색을 통해 상세 페이지에 도달했다는 것은 우리 제품에 호감을 갖고 있고, 구매 의지도 꽤 강하다는 뜻이니까요. 따라서 고객이 상세 페이지 한 장만 보고도 "다른 상품은 찾아보지 않아도 된다"는 믿음을 줄 수 있어야 합니다. 고객이 시간, 비용, 에너지를 아끼며 최상의 선택을 했다는 확신을 가질 수 있도록 설계하는 것이 중요합니다. 하지만 이것은 말처럼 쉬운 일이 아니기에 상세 페이지 한 장을 작성하더라도 철저한 고민과 전략이 필요합니다.

온라인 쇼핑에서 고객은 상세 페이지 하나만 보고 구매를 결정합니다. 상품을 직접 만져보거나 서비스를 체험할 수도 없고, 옆에서 친절하게 설명해 주는 직원도 없습니다. 오로지 상세 페이지 하나에 의존해 판단해야 하는 상황이죠. 실제로 고객이 온라인 쇼핑몰에서 가장 오래 머무는 곳이 상세 페이지라는 조사 결과를 보면, 고객들이 얼마나 이 페이지를 꼼꼼히 확인하는지 알 수 있습니다. 이 때문에 기업은 상세 페이지 한 장에 모든 역량을 투입해 승부수를 띄워야 합니다.

저는 중요한 상품을 런칭할 때마다 상세 페이지를 주요 어젠다로 다뤘습니다. 작가가 작성한 1차 원고를 기반으로 6~7명이 함께 모여, '어떻게 하면 고객에게 더 매력적으로 보일 수 있을까'를 고민하며 수정하는 작업을 거쳤습니다. 이때 직급과 직책은 내려두고, 철저히 고객 관점에서 상세 페이지를 바라보는 것이 핵심입니다. 이렇게 해야 판매자 입장의 상세 페이지가 아니라, 고객이 궁금해하는 모든 정보가 빠짐없이 담긴 상세 페이지가 탄생할 수 있습니다.

수정 작업을 거칠 때 가장 중요하게 살펴보는 것은 크게 네 가지입니다.

첫째, 상품의 콘셉트와 장점을 극대화했는가? 우리의 상품이 고객의 어떤 문제를 해결해 줄 수 있는지를 한 줄짜리 카피로 명확히 뽑아냈는지 확인합니다. 또한, 경쟁사의 상품보다 어떤 차별점이 있고 우위에 있는 경쟁력이 무엇인지 Z to A 방식(두괄식)으로 선명하게 드러내야 합니다.

둘째, 고객의 궁금증을 하나도 남기지 않았는가? 상세 페이지는 말 그대로 '상세' 페이지입니다. 고객이 상품을 구매할 때 단 하나의 궁금증도 남지 않도록 세세한 정보를 담아야 하죠. 안내에서는 늘 '과도한 친절'을 베풀어야 한다는 점이 중요합니다. 단, 정보가 많더라도 읽고 싶게 만드는 디자인이 필수입니다. 메시지는 간결하게, 중복을 피하며 우선순위가 높은 정보부터 나열해야 합니다. 다양한 이미지와 레이아웃을 활용해 고객의 호감을 끌 수 있는 매력적인 페이지로 꾸려가는 노하우를 갈고닦아야 합니다.

셋째, 구매 결심 순간, 바로 결제할 수 있는가? 상세 페이지의 목적은 고객이 상품을 구매하게 만드는 것입니다. 정보를 충분히 제공했음에도 구매 링크가 숨겨져 있다면 모든 노력이 물거품이 되고 말죠. 고객이 구매를 결심한 찰나에 망설임 없이 버튼을 누를 수 있도록 상세 페이지 곳곳에 구매 링크를 배치해야 합니다. 구매 링크 위치를 고민할 때는 기존 고객 데이터를 활용하는 것이 효과적입니다. 고객들이 상세 페이지에서 가장 오래 머문 부분과 구매를 결심한 순간을 분석해 이를 상세 페이지 구성의 가이드로 삼아야 합니다. 고객의 마음은 고객 데이터를 통해 가장 정확히 알 수 있기 때문입니다.

넷째, 모바일 환경에서 보기 편하게 디자인했는가? 상세 페이지 작성 시 중요한 점 중 하나는 모바일 환경에서의 가독성입니다. 대부분 고객이 스마트폰을 통해 제품을 검색하고 구매하는 만큼, 상세 페이지는 모바일에서 읽기 쉬운 텍스트와 한눈에 들어오는 이미지로 구성해야 합니다. 온라인 쇼핑을 주도하고 있는 2030 여성들의 경우 모바일 쇼핑 점유율이 70% 이상으로 PC보다 3배 이상 높은 것으로 알려져 있습니다. 모바일이 대세인 것이죠. 그런데도 많은 기업이 여전히 PC 버전을 우선 제작한 뒤 모바일 버전을 나중에 만들곤 하죠. 주객이 전도된 방식을 고수하며 시간만 낭비하고 있는 겁니다. 사실 지금 이 시점에 모바일 환경에 주목하는 것도 한발 늦은 것일 수 있습니다. 어느새 AI 시대가 도래했고, 그에 맞는 새로운 환경으로 변화가 거듭되고 있으니 말입니다. 상세 페이지 또한 곧 AI 환경에 맞는 진화된 방식으로 구현해야 할 때가 찾아올 겁니다.

누군가는 CEO가 상세 페이지까지 꼼꼼히 살펴보는 것을 의아하게 생각할지도 모릅니다. 하지만 디지털 시장에서 상세 페이지는 단순한 홍보 문구가 아닙니다. 기업을 대표해 고객과 직접 대면하는 직원이자, 고객에게 전하고 싶은 핵심 메시지의 정수이며, 브랜드의 철학을 담은 거울이자, 소비자의 선택을 이끄는 심리적 안내자입니다. 디지털 시장에서 승부수를 던져야 하는 시대, 고객의 마음을 사로잡고 기업의 가치를 높이고자 하는 CEO라면 당연히 상세 페이지에 목숨 걸어야 하지 않을까요?

☞

잘 쓰인 상세 페이지 한 장이면 열 직원이 안 부럽죠!

불편하셨다면
땡큐입니다

고객의 아주 작은 목소리에도
귀 기울이고 감사하라.

고객의 소리(Voice of Customer)는
최고의 오답 노트다.

고객의 불편을 해결하는 일이야말로
직원들의 고충을 덜어주는 일이다.

제프이즘(Jeffism). 미국 1위 온라인 쇼핑몰 아마존의 CEO 제프 베이조스의 경영 철학을 단적으로 표현한 말입니다. 그 핵심은 '고객 중심'을 넘어선 '고객 집착 경영'입니다. 이를 보여주는 대표적인 사례가 회의 테이블에 둔 '빈 의자'입니다. 이는 가상의 고객을 위한 자리로, 고객을 최우선에 두고 모든 업무를 처리한다는 철학을 상징합니다. 고객에게 최상의 상품과 서비스를 제공하겠다는 그의 철저함은 많은 CEO들에게 '제프이즘'을 모범으로 삼게 했습니다.

저도 비슷한 고민을 한 끝에 하나의 실천 방안을 마련했습니다. 기업 조직도 맨 윗자리에 '고객'이란 글씨를 크게 적어둔 것이죠. 구성원들로 CEO보다 더 위에 있는 고객만 바라보는 의미였습니다. 그리고 그것을 효과적으로 실행하기 위해 VOC, 고객의 소리에 집중할 것을 요청했습니다.

우리의 제품과 서비스를 선택한 고객들은 감사하게도, 다양한 방식으로 리뷰를 남겨줍니다. 서비스 이용 전에는 상품 문의를 통해 관심사를 알려주고, 이용 후에는 각종 SNS 플랫폼을 통해 소중한 피드백을 전달하죠. 이 많은 고객의견 중에서 제가 가장 반갑고, 감사하게 여기는 것은 칭찬이나 감동 후기가 아닙니다. 우리가 미리 챙기지 못했고, 눈치채지 못했던 문제를 지적하거나 새로운 아이디어를 제안해 주는 고객의 목소리가 가장 반갑습니다. 이는 우리의 제품과 서비스를 가장 발전적인 방향으로 이끌어주는 고마운 열쇠니까요. 기억하시죠? 학창 시절 성적을 올리는 가장 효과적인 방법 중 하나는 오답 노트를 만드는 것입니다. VOC에 집중하면 고객 감동에 가까워집니다. 고객의 목소리보다 더 정확히 고객의 마음을 알 방법은 없다고 단언합니다. VOC를 통해 고객이 겪고 있는 문제를 빠르고 효율적으로 해결하면, 이보다 쉬운 고객 감동 실천은 없죠. 제가 직원들에게 회의 때마다 직원들에게 이렇게 강조한 이유입니다. "우리가 가야 할 길은 VOC에 담겨 있습니다. 현장에서 모이는 고객 요구사항을 공유하고, 함께 해결할 수 있는 시스템을 만들어 봅시다." 시스템이라는 거창한 단어를 붙였지만, 핵심은 간단했습니다. 우리에게 수집되는 고객의 목소리를 하나의 체크리스트처럼 만들어, 놓친 부분이 없는지, 해결했지만 미진한 부분이 없는지, 보다 근본적인 해결책은 없는지 함께 살펴보자는 것이었죠. 이를 통해 새로운 기획에 대한 힌트를 얻을 수도 있었습니다. 고객의 마음을 알고, 고객의 불편을 해결하는 일이야말로 직원들의 고충을 덜어주는 일이라는 것을 코로나19를 통해 이미 한 번 경험했으니, 이제 빠르게 실행하는 일만 남았다고 생각했습니다. 그런데 생각했던 것보다 고객의 목소리를 공유하기는 쉽지 않았습니다. 회의 때마다 목소리를 높여 VOC의 중요성을 강조하고, 직원들의 동의를 받았음에도 구체적인 실행에 관한 보고는 올라오지 않았습니다. 며칠이 지나고, 한 달이 지나고, 분기가 지나도 돌아오는 대답은 늘 "아직 준비 중"이었죠. VOC 수집에 시간이 오래 걸리고, 사업장별 분류가 까다롭다는 설명만 되풀이됐습니다. '왜 이렇게 실행이 힘든 걸까? 대체 무엇이 가로막고 있는 걸까?'

저는 직원들의 입장으로 생각해 봤습니다. 그리고 그 안에서 두려움을 보았습니다. 고객의 불만이 곧 직원들의 실책으로 드러날까 봐, 그것이 곧 자신에 대한 평가로 이어질까 봐 두려운 마음이 있었던 것이죠. 넘어서야 할 것이 바로 그 직원들의 두려움이었습니다. 고객의 목소리를 듣고 요구사항을 해결하는 데 집중하려는 저의 목적을 바라보지 않고, 고객의 불만을 되짚어보는 과정에서 혹시 직원 자신에게 돌아올 불이익에만 집중하고 있으니 두려움이 생길 수밖에 없었죠. CEO는 '고객'만 바라보고 있는데, 구성원들은 'CEO'만 바라본 셈이었습니다. 더 정확히 말하면, CEO의 평가를 말이죠. 고객의 문제를 해결하는 것이 우리 '일'의 본질이고, 가장 쉽게 인정받는 길이라는 것을 제가 충분히 설득하지 못했던 걸까요? VOC를 통해 누군가의 실책이 드러난다고 하더라도 그것으로 '평가'하려는 것이 아니라 함께 '해결'해 나가자는 것이라고 수없이 강조해 왔지만, 결국 믿음을 주지 못했던 건 제 탓입니다.

이 문제도 Z to A 방식으로 해결해야겠다는 판단이 들었습니다. 먼저 포털 사이트와 홈페이지, 블로그, 각종 SNS, 대행 판매사 플랫폼에 올라오는 평점과 리뷰부터 함께 살펴봤습니다. 누구나 볼 수 있는 온라인 공간에 남겨진 고객의 목소리를 빠르게 복기한 것이죠. 평점이 낮은 부분은 그 이유와 원인을 다시 살펴보고 개선

점을 찾았고, 고객이 남긴 리뷰의 행간을 읽으며 개선할 부분에 대한 힌트를 얻었습니다. 사소한 것이라도 좋았습니다. 동시에 직원들에게 VOC 혁신은 오로지 문제 해결에 초점이 맞춰져 있다는 점, 업무 수행 중 '휴먼 에러'가 왜 발생했는지, 추가적으로 직원의 고충은 없었는지 살펴보고 재발 방지를 위한 발전적 장치를 마련하는 것이 목적이라는 것을 이해시키려 노력했습니다.

이후 어느 정도 신뢰가 생겼다고 판단했을 때, 다음 스텝을 밟았습니다. 공식적인 전체 회의 자리에서 경력직 신입사원에게 전사적인 VOC 관리 업무를 맡긴 것입니다. 기업의 가장 아픈 부분이라 할 수 있는 업무를 왜 신입사원에게 맡겨야 했을까요? 이유는 간단합니다. VOC를 왜곡하지 않고 '날 것' 그대로 보고할 수 있는 사람이어야 했기 때문입니다. 회사를 옮긴지 얼마 되지 않은 신입사원의 경우, 회사 내에 친한 동료가 비교적 적은 편이라 개인적인 인간관계에 휘둘릴 위험이 적었습니다. VOC 업무를 투명하게 해나갈 수 있는 적임자였던 것이죠.

여기에 더해 구체적인 지침도 내렸습니다. VOC 공유 회의를 주 3회로 정하되, 또 하나의 거추장스러운 보고가 되지 않도록 절차를 최소화하는 것이었습니다. 일일이 모아서 취합한 후 별도 양식으로 만드는 절차는 모두 생략하고, 화면 캡처 후 인트라넷 게시판에 이미지 상태로 빠르게 공유하게 했습니다. 이것은 VOC 보고에 있어서 주관적 가치 판단을 배제하기 위한 특별 조치이기도 했습니다. 칭찬이든 불만이든 아주 사소한 것 하나라도 빠짐없이 보고받길 원했기 때문입니다. 그 모든 VOC가 서비스 개선의 핵심 키가 되어줄 거라 확신했으니까요.

회의를 처음 시작했을 때, 직원들의 긴장도가 무척 높았던 기억이 납니다. 날 것 그대로의 고객 반응을 공식적인 회의 자리에서 함께 확인한다는 것에 대한 심적 부담이 상당했겠죠. 하지만, '문제 해결'에 초점을 두니 '부담감'은 곧 '실행력'으로 바뀌어 갔습니다. 당장 무엇을 해야 할지 눈에 보이는 솔루션이 생기니 우왕좌왕하는 일 없이 빠른 해결이 가능했습니다. 또한 여러 가지 문제를 함께 풀어가며 해결 방식을 공유하다 보니, 그야말로 오답 노트가 되어 다음 문제가 생겼을 때 더 쉽게 해결할 수 있는 내공을 갖게 되었죠. 무엇보다 VOC 해결에 있어서 고객 응대 모범 케이스만 별도로 선정 후, 해당 내용을 전사적으로 공유했더니 직원들의 사기가 눈에 띄게 올라갔습니다. 더 이상 VOC를 두려워하지 않고, 오히려 칭찬받을 수 있는 기회가 생긴 것으로 받아들일 수 있게 된 겁니다.

덕분에 두 달도 채 되지 않아서 주 3회였던 VOC 회의는 주 1회로 줄었고, 간단히 보고만 받는 형식으로 진행해도 될만큼 많은 부분이 해결됐습니다. 그 사이 우리의 서비스는 고객이 원하는 방향으로 성큼성큼 진화했습니다. 그야말로 다 함께 이룬 혁신이었습니다.

고객 중심의 사고를 갖는다는 것은 결코 쉬운 일이 아닙니다. 고객과 나 사이에 분명한 차이가 존재하기 때문이죠. 고객 중심의 사고는 내가 좀 더 귀찮아지고, 좀 더 많은 일을 해야 한다는 것을 의미합니다. 고객의 문제를 해결하는 것을 내 기쁨으로 여길 때 진정한 고객 중심의 서비스가 시작됩니다. CEO가 할 일은 바로 거기에 있습니다. 직원들이 고객의 문제를 해결하는 데 더 많은 기쁨을 느낄 수 있도록 하는 것! 저는 지금도 늘 고민하고 있습니다. 언젠가 저의 고객사랑 실천이 '제프이즘'을 뛰어넘어 '재연이즘'으로 회자될 수 있기를 바라면서요. 안 될 것도 없지 않나요?

☞
고객을 직원처럼, 직원을 고객처럼, 같은 목소리에 집중하세요.

콘텐츠 경영이
대세인 이유

리더의 역할은 구성원을 각각의 브랜드로
성장시키는 것이다.

직원의 디지털 리터러시 능력을 키우면,
고객의 시선을 끄는 콘텐츠 제작이 가능하다.

직원 콘텐츠는 기업 홍보 방법인 동시에
인사이트를 얻는 기회이다.

각종 SNS와 동영상 플랫폼에서 기업 간 마케팅 전쟁이 치열해지고 있는 지금! 마케팅팀에 요청하는 것은 단 하나입니다. '눈에 밟히거나 혹은 잊혀지거나' 아주 오랫동안 고객들의 눈에 밟히는 콘텐츠를 만드는 것입니다. 아무리 열심히 만들어도 고객들의 눈에 띄지 않는 콘텐츠는 결국 무의미해지죠. 그렇다면 어떻게 해야 고객의 눈에 띄는 콘텐츠를 잘 만들 수 있을까요?

2019년 무렵, 기업의 마케팅 시장이 기존의 레거시 미디어에서 새로운 뉴미디어로 옮겨가기 시작했을 때, 기업들은 SNS와 유튜브 시장에 본격적으로 진입하기 시작했습니다. 기업 마케팅팀도 흐름을 놓칠세라 기업 자체 유튜브 채널을 만들고 블로그와 SNS를 운영하기 시작했죠. 하지만 내부 인력으로는 한계가 있어 경주 지역의 외주 협력사들과 계약을 맺고 주기적으로 콘텐츠를 생산하기 시작했습니다. 일정한 루틴에 따라 콘텐츠 개수는 늘어났지만, 뭔가 부족한 느낌이 들었습니다. 유튜브 시장의 특성, 고객의 니즈를 반영한 재미있는 콘텐츠 발굴이 시급했습니다.

마침, 리조트 내에 새로 문을 연 신개념 주차타워, 룩스타워에는 특별한 미디어 스튜디오가 있었습니다. 최신 영상 장비와 조명 기구, 편집용 컴퓨터 등이 갖춰진 '미디어 놀이터'였죠. 경주를 여행하는 고객들이 자신의 개성을 담은 콘텐츠를 만들며 행복한 추억을 쌓을 수 있도록 기획된 공간이었습니다. 하지만 코로나19로 인해 고객들의 방문이 끊기면서 제대로 활용되지 못하고 있었습니다. 이 공간을 직원들이 먼저 활용하게 되면 디지털 리터러시 능력을 키울 수 있을 거란 생각이 들었습니다. 그렇게 룩스타워를 활용한 '미디어 크리에이터 아카데미'가 시작되었습니다. 크리에이터를 꿈꾸는 사내 직원 30명을 모아 유튜버로 데뷔할 기회를 제공하는 프로그램이었습니다. 전문 강사를 초빙해 7주 동안 촬영, 연출, 편집 등 유튜브 제작 전반에 필요한 기술을 배우고, 1편 이상의 콘텐츠를 직접 만들어 올리는 프로그램이었죠. 누구나 한 번쯤은 '나도 유튜브 해야지'라고 생각해 보지만, 혼자서는 시작하기 어려운 일입니다. 회사에서 이 문제를 해결해 주기로 했죠. 뜻이 통했는지 함께 참여한 직원들은 열정적으로 배우고 참여하는 모습을 보였습니다.

저 역시 그 과정에 참여하며 콘텐츠 촬영과 편집, 유튜브 채널 개설, 첫 콘텐츠 업로드까지 직접 경험했습니다. 새롭게 시도하고 배우는 일이 너무 즐거웠습니다. 특히 '크리에이터'의 눈으로 세상을 보니 모든 것이 새롭게 느껴졌습니다. 내가 직접 고객에게 우리 상품과 서비스를 설명한다고 생각하고 콘텐츠를 제작하다 보니 장단점이 더 명확하게 보였습니다. 고객 관점에서 무엇을 보완해야 할지 여러 아이디어가 떠오르기도 했죠. 젊은 직원들과 격의 없이 소통하며 피드백을 주고받는 과정에서 새로운 인사이트를 얻는 기회가 되었습니다.

프로그램이 끝난 후, 긍정적인 변화는 계속 이어졌습니다. 자신만의 유튜브 채널을 만든 직원들이 콘텐츠를 직접 만들고 공유하는 재미에 빠져들었습니다. 그들은 개인적인 취미나 여가 생활을 담은 콘텐츠를 다이어리 형식으로 만들기도 하고, 자연스럽게 회사의 소식이나 새로운 상품을 유쾌하게 담아내기 시작했습니다. 자신을 PR하는 콘텐츠가 곧 회사의 PR로 연결되었고, 일거양득의 성과를 거두게 된 것이죠. 시간이 지나면서 직원들의 크리에이티브 능력이 업그레이드되었고, 콘텐츠의 질도 높아졌습니다.

저 역시 미디어 크리에이터 아카데미에서 배운 것을 토대로 유튜브 시장에 도전해 보고 싶다는 꿈을 꿀 수 있었고, 드디어 2020년 10월, <공 때리는 언니, 누구나 골프> 채널을 개설할 수 있었습니다. 이후 4년간, 골프·당구·워터파크 등 각종 레저·스포츠 관련 콘텐츠를 350개 가까이 업로드하는 등 적극적으로 활동하며 많은 구독자들에게 사랑받을 수 있었습니다.

특히 다양한 골프 콘텐츠를 통해서 우리나라의 골프 문화를 새롭게 바꿔나가기 위한 목소리를 낼 수 있었고, 프로당구 팀 블루원 엔젤스와의 콜라보를 통해 만든 당구 콘텐츠는 높은 조회수를 기록하며 국내외 당구 팬들에게 큰 사랑을 받았습니다. 특히 당구 콘텐츠가 업로드될 때마다 수많은 팬들의 응원 댓글이 달린 것이 기억에 남습니다. 당구 콘텐츠를 통해서 '블루원'이라는 기업을 알게 되었고 앞으로 블루원의 사업장을 이용하고 싶다는 댓글을 볼 때마다 더없이 뿌듯했습니다. 기업의 브랜드 가치를 높이는 데 있어서 '콘텐츠 경영'이 얼마나 중요한 역할을 하는지 다시금 깨달은 기회가 됐습니다.

사실 미디어 크리에이터 아카데미의 목적은 단순한 기업 홍보가 아니었습니다. 그건 부수적인 기대효과였을 뿐입니다. 제가 진정으로 추구했던 것은 우리 직원들 한 명 한 명이 자신만의 브랜드를 갖게 되는 것이었습니다. 더 나아가 개성 넘치는 브랜드 파워를 가진 직원들이 회사를 울타리 삼아 더 큰 꿈을 키워 나가길 바랐습니다. 기업은 결국 구성원들의 성장에 의해 먹고 자라기 때문이죠. 회사는 코로나19로 어려운 상황이었지만, 우리 구성원들이 멈추지 않고 끝없는 자기 발전을 원동력 삼아 앞으로 나아가고 있다는 희망이 있었기 때문에 버틸 수 있었습니다. 미디어 크리에이터 아카데미를 통해 직원들의 성장 가능성을 확인하고, 기업이 추구하는 '콘텐츠 경영'의 밑그림을 그릴 수 있었던 것만으로도 충분히 값진 경험이었습니다.

☞

조직의 성장은 개인의 성장 없이는 불가능합니다.

디지털과 AI 혁신!
거인의 어깨에
올라타라

디지털과 AI라는 거인의 어깨에
하루빨리 올라타라.

디지털과 AI 혁신은 기업의 한계를
뛰어넘는 최고의 전략이다.

2007년, 우리의 일상을 획기적으로 바꿔놓은 두 가지 엄청난 사건이 일어났습니다. 애플의 아이폰이 탄생했고, 아마존이 아마존 웹 서비스를 시작한 것입니다. 스마트폰과 클라우드의 만남으로 초연결 시대가 시작되었죠. 이로써 사람들은 '손안의 모바일 세상'을 가지게 되었고, 누구나 손쉽게 터치 한 번으로 원하는 물건을 구매할 수 있는 신세계가 열렸습니다. 이때를 기점으로 모든 기업에 시대적 과제가 주어졌습니다. 바로 디지털 혁신입니다. 디지털 혁신이란 디지털 기술을 활용해 고객 경험과 비즈니스 모델, 운영 방법 등을 근본적으로 재구성하여 새로운 가치를 제공하는 것입니다. 기업에게는 IT 기술을 통해 매출과 운영 효율성을 개선할 방안을 모색할 기회가 주어졌습니다. 20년 가까이 지난 지금까지도 많은 기업이 '디지털 혁신'이라는 말에 올라타기 위해 애쓰고 있습니다.

저 또한 '디지털 혁신'을 기업 경영의 주요 과제로 삼았습니다. 디지털이야말로 고객과 기업을 직접 이어주고, 모두의 시간, 비용, 수고를 줄일 방법이자 기업의 한계를 무한대로 넘어설 수 있는 최상의 도구라고 판단했기 때문입니다. 실제로 리조트와 골프장에는 비대면 스마트 체크인 서비스*, 워터파크에는 블루코인** 미사용

---

* **비대면 스마트 체크인 서비스** 모바일 어플리케이션을 통해 블루투스 기술이 적용된 모바일 키를 발급받아 예약한 객실이나 골프장에 바로 체크인할 수 있는 서비스
** **블루코인 币** 블루원 워터파크 내에서 사용되는 화폐, 렌털 시설 이용과 식음료 구입에 사용됨. 미사용 잔액이 남을 경우, 별도의 절차 없이 자동으로 환불

잔액 자동 환불 서비스 등을 도입해 고객들의 편의를 높였습니다. 또한, 신개념 골프장 루나엑스는 디지털 혁신의 결정판이라 할 수 있습니다. 실시간 예약, 결제 시스템, 조인 예약 시스템***뿐 아니라 고객과의 소통 창구까지 모두 온라인으로 손쉽게 진행할 수 있도록 했고, 업무적으로도 데이터 분석 시스템을 도입하여 고객에 대해 보다 정확히 이해함으로써 운영 효율성을 획기적으로 높일 수 있었습니다.

가장 주력했던 것은 누가 뭐래도 디지털 소통이었습니다. '검색되지 않는 것은 존재하지 않는다'는 말에 적극 공감한 저는 우선적으로 '디지털 소통 강화'를 위한 별도의 조직, CX101을 만들었습니다. 외부에서 디지털 마케팅과 소통 전문가를 영입하여 더 공격적으로 온라인 시장을 공략해 갔습니다. 목적은 온라인 세상에서 우리 사업장들의 존재감을 키우는 것이었습니다.

골프장과 리조트, 워터파크는 모두 지리적으로 접근성이 떨어진다는 약점이 있었지만, 디지털 혁신을 통한 반전의 기회가 무궁무진했습니다. 디지털에 친숙한 고객들은 어떻게든 자신이 원하는 서비스를 찾아내기 위해 검색 서비스를 최대한 활용하고 있으며, 자신의 입맛에 맞으면 아무리 거리가 멀어도 기꺼이 찾아 나섭니다. 온라인 시장을 통해 고객의 범위가 확장되니, 더 많은 기회가

*** **조인 예약 시스템** 루나엑스 골프장 홈페이지를 통해 인원수와 상관없이 라운드를 신청하면, 성별, 거주 지역, 핸디 등을 최우선 고려해 매칭해주는 시스템

생긴 셈이죠. 더불어 검색할 때부터 결제 버튼을 누르기까지 고객에게 확신을 주어 구매할 수밖에 없는 환경을 만드는 재미도 컸습니다. 고객이 굳이 검색하지 않아도 우리가 스스로 고객을 찾아갈 수 있는 길이 활짝 열려있음을 느꼈습니다. 얼마나 다행인가요.

이제 우리는 한발 더 나아가 디지털 세상에서 AI(인공지능)라는 더 큰 날개를 달 수 있게 되었습니다. 2022년 말, 전 세계를 뒤흔든 게임 체인저가 등장했습니다. 그것은 바로 미국의 오픈AI가 개발한 생성형 인공지능이었습니다. 마치 사람처럼 대화할 수 있는 생성형 AI는 어떤 질문을 해도 척척 답변을 해주곤 합니다. 그뿐인가요? AI는 IT, 금융, 물류는 물론, 글쓰기, 미술, 음악 등 인간의 고유 영역으로 여겨지던 창작까지도 소화해 내고 있습니다. '인공지능 혁명'이라는 새로운 기술 패러다임이 눈앞에 펼쳐진 것입니다. 개인이든 기업이든 AI 활용 능력에 따라 성공 여부가 갈리는 시대가 열린 셈이죠. 반복적이고 규칙적인 업무를 자동화하여 경영 효율을 높이고, 대량의 데이터를 분석해 새로운 인사이트를 얻을 수 있습니다. 특히 고객 데이터 분석을 통해 사람들이 원하는 서비스를 더 잘 이해하고, 맞춤형 마케팅 전략을 수립하는 것이 훨씬 쉬워졌습니다. 서비스 업종의 경우 고객과의 소통도 더 쉬워졌습니다. 고객은 일일이 검색하지 않고 생성형 AI에 질문만 던지면 원하는 맞춤형 답변을 바로 받을 수 있게 되었습니다.

이런 변화 속에서 기업들이 우선 준비해야 할 것은 무엇일까요? 간단합니다. 고객이 우리 기업에 어떤 질문을 던질지 예측하고, 그 답변을 상세하고 정확하게 정리해 온라인에 올리는 것입니다. 생성형 AI가 우리 기업과 고객을 더욱 친밀하게 연결할 수 있도록 말이죠. 그렇게 디지털 혁신을 넘어 AI 혁신이라는 거인의 어깨에 하루라도 빨리 올라타는 것이 살 길입니다.

　이때 명심해야 할 점이 있습니다. 디지털과 AI 혁신을 시도한 70%의 회사가 실패했다는 통계가 보여주듯, 목표한 대로 혁신의 성과를 내기 쉽지 않습니다. '왜 이것을 해야 하는지'에 대한 충분한 고민, 명확한 방향성, 구성원의 필요성 공감 등이 부족하면, 투자 결과는 실패일 가능성이 높겠죠. 경영상의 문제를 해결하고 고객 만족을 높이는 명확한 지향점이 있을 때 비로소 제대로 된 혁신의 길이 보일 것입니다. 조직 구성원들이 기존 방식에 문제의식을 느끼고 혁신의 필요성을 공감할 때, 디지털과 AI 혁신은 조직 문화로 자리 잡을 수 있습니다. 이때 리더는 구성원들이 더 나은 방향을 모색하도록 든든한 구심점이 되어야 합니다.

☞
우리는 언제나 진실한 정보를 원합니다.
오늘을 살아가는 기업들의 시대적 과제는 디지털과 AI 혁신입니다.

AI 혁명은 엄청난 변혁을
가져오고 있습니다.
이러한 시대에 혁신은 쉽지 않습니다.

세상이 급변할수록 본질을 놓치기 쉽고
빠른 성과만을 좇아
조급해질 수 있기 때문입니다

바로 이럴 때일수록
스스로에게 끊임없이 물어야 합니다.

"우리는 왜 이 일을 하는가?"

잇적사고

행복을 연결하는
'잇적 사고'의 힘

AI 시대, 취향과 가치관으로 연대하며
행복을 키워라.

가치와 취향으로 연결된 공감 네트워크 안에서
'나 다움'을 되찾고 공동체와
아름다운 조화를 이룬다.

AI 시대! 행복한 리더로 살아가려면
연결과 협력의 '잇적 사고'로 무장해야 한다.

스마트폰이 탄생한 이후, 우리 사회는 디지털을 중심으로 재편되었다고 해도 과언이 아니죠. 커다란 변혁의 파도가 우리 일상을 바꿔놓았고, 한숨 돌릴 틈도 없이 이번엔 AI 폭풍이 밀려오고 있습니다. 스마트폰이 그랬듯, 곧 AI가 우리 사회의 기본값으로 설정되겠죠. 눈만 한번 감았다 떠도 많은 것들이 변하는 세상에서 우리는 어떻게 중심을 잡고 살아가야 할까, 어떤 꿈을 꾸며, 어떤 일을 즐기고, 또 어떤 성취를 이뤄가야 할지 고민이 많아질 수밖에 없습니다. 상상하기 힘들 정도로 무한한 잠재력을 가진 AI와 경쟁 혹은 협업해야 한다고 생각하면 벌써 다리가 풀려 주저앉고 싶다는 생각이 들 수도 있습니다. 하지만 아직 아무 일도 일어나지 않았는걸요. 지금이야말로 디지털과 AI를 품고 드넓은 기회의 장으로 뛰어들 시간입니다.

저 역시 새로운 사업을 구상하며 어떤 가슴 뛰는 도전을 해볼까 고심해 왔습니다. 디지털과 AI를 날개 삼아 세상에 어떤 이로운 일을 할 수 있을지 무궁무진한 아이디어 속에서 매일 헤엄치고 있습니다. 그 속에서 제가 찾아낸 하나의 가이드는 바로 '행복한 연대'입니다. 개인과 개인이 그물망처럼 촘촘히 연결된 이 시대에, 과연 나만 잘 살 수 있을까요? 아니죠. 나를 통해 다른 사람들도 함께 잘 살 수 있을 때 비로소 성공이 커지고, 행복도 자랄 수 있을 거라 믿습니다. 그런데 우리는 어떻게 행복한 연대를 해나갈 수 있을까요?

과거에 우리는 '가족'이라는 연대에 묶여 살아왔습니다. 태어나 보니 어느 집 자식이었고, 그것은 절대 바꿀 수 없는 나의 구성요소가 되었죠. 부모가 마음에 안 들고 형제와 뼛속까지 달라도 피로 맺어진 연대를 피해 갈 순 없었습니다. 하지만 지금 이 시대는 어떤가요? 핵 개인화 시대에 접어들면서 가족의 그림자는 옅어지고 오로지 '나' 중심의 사회로 재구성되고 있습니다. 젊은 세대들이 더 이상 결혼하려 하지 않고 아이를 낳으려 하지 않으니, 새로 태어나는 가족의 수가 현격히 줄어들고 있습니다. 그런데 가족이 사라지는 자리에 '나'만 오롯이 남게 된다면, 우리는 어디에 의지하고 살아가야 할까요? 결국 개인과 개인이 가족이 아닌 새로운 방식으로 연대해야 합니다. 누가 뭐래도 사람은 서로 어울려 살고 싶어 하는 사회적 동물이니까요.

그렇다면 우리는 어떤 새로운 방식으로 서로 연대할 수 있을까요? 결국 내가 좋아하는 것, 내가 하고 싶은 일을 중심으로 뭉치게 되겠죠. 취향과 취미를 통해 서로 공감하고 정서적 지지를 나누며 함께 즐길 수 있는 모임이야말로 진정한 연대가 됩니다. 서로의 호(好)를 존중하고 가치관을 공유할 수 있는 사람들과의 모임. 단순한 여가 활동을 넘어 자아 정체성을 공고히 할 수 있는 모임들이야말로 행복한 연대의 중심이 될 거란 확신이 듭니다.

결국 우리에게 필요한 것은 내가 원할 때 언제든지 나만의 '행복한 연대'를 꾸려 나갈 수 있는 플랫폼이겠죠. 바로 그 플랫폼을 구현하는 것이 저의 새로운 꿈이자 비전입니다.

"모두의 행복을 위해 세상을 이어주는 글로벌 기업이 된다."

디지털과 AI를 날개 삼아, 세상의 모든 것을 연결해 누구나 쉽게 자유로이 연대하며 행복을 키워갈 수 있는 세상. 자유와 안녕을 보장하는 혁신적인 서비스들을 통해 모두의 삶에 긍정적인 변화를 만들고 싶습니다.

"무언가를 함께 좋아하는 동호(同好)는 사람들을 모이게 하고 일상적 즐거움을 나누는 네트워크로 작동합니다. 더 나아가 동질감이 커지고, 더 많은 이들이 모이는 구심점이 형성되어 유대가 깊어질수록 동호를 넘어서는 더 큰 반경을 지닌 네트워크로 확장하게 됩니다. 중요한 것은 각자의 가치관에 의해 선한 의지를 드러낸 이들의 모임은 오래 지속될 가능성이 높다는 것입니다. 같은 것을 좋아하고 같은 가치관을 추구하는 사람들이 연대함은 서로 평등한 관계에서 성장의 기쁨을 누리는 것. 그 길 위에서 진정한 자아를 만나게 될 것입니다."

- 송길영, 『시대예보: 호명사회』 중

우리는 이미 하나로 연결되어 있습니다. 그리고 앞으로도 서로 연결되어 살아가야 합니다. 서로 협력하고 적응하는 교류의 네트워크로서 더 큰 지식, 더 큰 행복, 더 큰 평안이 만들어질 수 있으니까요. 서로가 각자의 색깔을 잃지 않되 함께 조화를 이루며 살아가야 하는 연결 사회에서 우리가 스스로 선택한 행복한 연대를 통해 더 큰 꿈을 이뤄갈 수 있기를 바랍니다. 저부터 그 길을 개척해 나가겠습니다.

☞
나에서 우리로!
세상을 이롭게 하는 잇적사고로 서로 연대해 나갈 때
모두의 행복이 가까워집니다!

BUILDING
BLOCKS

좋은 환경에서 자라
좋은 것을 많이 누려봤죠.
좋은 걸 나만 누릴 수 있나요?

누구나 평등하게
누구나 자유롭게

잇적사고

더 많은 사람들과 좋은 것을
공유하고 싶은 마음이
DNA처럼 제 안에 박혀있어요.

이것이 제가 일을 하는 원동력입니다.
누구나 행복! 다함께 누려보아요!

리더를 꿈꾸는
사람들을 위한
열두 가지 '잇적 사고'

❶ 기업의 방향성을 끊임없이 고민하라

기업의 비전과 방향성에 대한 고민은 CEO만의 몫이 아닙니다. 팀장급 이상의 리더들도 고민해야 하는 문제입니다. 팀원들을 이끄는 자리에 앉았다면 회사의 비전을 명확하게 인지하고, 그것을 이루기 위해 어떤 방향으로 나아갈지 팀원들과 함께 끊임없이 공유해야 합니다. 만약 방향성을 잃고 헤매는 팀원이 있다면 반드시 그가 다시 영점을 맞춰 나갈 수 있도록 올바른 방향으로 이끌어줘야 합니다. 사실상 그것이 CEO가 팀장급 리더들에게 기대하는 가장 중요한 역할입니다. 회사의 비전을 실현해 나가는 데 있어 누구보다 중요한 역할을 하는 것이 팀장 이상 리더급이라는 것을 꼭 기억하면 좋겠습니다.

❷ 고객은 늘 내 곁에 있다. 동료의 모습으로

우리가 일을 할 때 가장 상석에 두어야 하는 것은 고객입니다. 고객이 없으면 기업은 존재할 수 없죠. 고객 없는 일은 무의미합니다. 그런데 우리의 고객은 정확히 누구일까요? 그리고 또 그들은 어떤 문제를 겪고 있을까요? 답이 보이지 않을 때는 시야를 돌려 동료들을 바라보세요. 우리가 매일 접하는 동료들도 우리의 고객이 될 수 있습니다. 나의 동료가 겪는 문제가 곧 고객의 문제이고, 나의 상사가 원하는 니즈가 곧 고객의 니즈입니다. 등잔 밑이 가장 어둡다는 말처럼, 우리가 찾는 고객은 늘 가장 가까이에 있다는 것을 명심하세요.

❸ 아는 것이 힘? 모르는 것을 아는 것은 지혜다

직원들의 능력을 평가할 때 가장 중요하게 생각하는 첫 번째 잣대는 바로 메타인지 능력입니다. 메타인지는 '나 자신을 잘 아는 능력'입니다. 내가 누구이고 무엇을 잘하는지, 회사의 비전을 위해서 무엇을 할 수 있는지, 어떤 역할을 해야 하는지 정확히 알고 있는 것입니다. 또한 내가 무엇이 부족하고 어떤 점을 보완해야 하는지 명확하게 분석하고 있는 것입니다. 이런 메타인지를 통해서 기업이 나아가고자 하는 비전과 내가 꿈꾸는 미래의 방향이 일치하는지 수시로 점검하고 맞춰갈 수 있어야 합니다. 더불어 리더급이라면 부하 직원들의 메타인지 능력이 어떤지도 파악하고 있어야 합니다. 그래야만 팀원들의 강점과 약점을 살려 가장 효율적으로 팀을 이끌 수 있을 테니까요. 메타인지를 갖춘 리더일수록 팀을 성공으로 이끌 확률이 높습니다. 그런데 그거 아세요? 메타인지 능력을 갖춘 사람은 절대 흔하지 않습니다. 자기 수행을 하듯 끊임없이 노력해야만 서서히 터득해 나갈 수 있는 귀한 능력이니 부단히 노력하세요. 메타인지 능력을 갖추는 순간 상위 1%의 인재가 될 수 있습니다.

잇적사고

❹ 변화와 혁신! 피하면 죽는다

팀장급 리더들은 변화와 혁신을 두려워하기 쉽습니다. 자신이 잘해오던 방식을 고집해야 일이 수월하고 팀원들을 통제하기 쉽기 때문이죠. 그런데 과연 그런 방식으로 얼마나 오래 리더의 자리를 지킬 수 있을까요? 적어도 능력 있는 리더가 되고 싶다면 변화와 혁신을 방어해서는 안 됩니다. 세상이 빠르게 변하고 있는 한 변화와 혁신을 피할 길은 없습니다. 피할 수 없다면 먼저 나서서 주도하는 것이 살길입니다. 그리고 팀원들도 함께 변화를 향해 나아갈 수 있도록 꾸준히 설득해야 합니다. 변화를 통해서 어떤 목표를 이룰 것인지, 혁신에 성공하면 어떤 이점이 따라올 것인지 명확히 밝히고, 팀원들 스스로 변화와 혁신에 대한 기대를 갖고 자발적으로 모험에 나설 수 있도록 해야 합니다. 구성원들의 불안과 우려를 줄이고 변화를 긍정적으로 받아들일 수 있게 하는 기술, 그것이야말로 팀장급 리더들이 꼭 갖춰야 할 필수 역량입니다.

❺ 마이크로매니징도 능력이다

리더들에겐 딜레마가 있습니다. '구성원들을 관리 감독하는 리더가 될 것인가, 혹은 아예 실무에 뛰어들어 마이크로매니징 (Micromanagement) 할 것인가' 이 두 가지 선택지 앞에서 늘 고민해야 하죠. 여러분들이라면 어느 쪽을 선택하실 건가요? 많은 리더들이 마이크로매니징의 단점을 알면서도 끝까지 놓지 못합니다. 관리 감독만 하려면 팀원들을 전적으로 믿어야 하는데, 아무리 일 잘하는 부하 직원들이 있다고 해도 오롯이 신뢰하기가 쉬운 일은 아닙니다. 차라리 포기하고 신경을 끄는 쪽이 더 쉽죠. 할 수 없이 마이크로매니징을 고집해야 한다면, 이것만큼은 꼭 기억해야 합니다. 팀원들이 나아갈 세세한 경로를 그려주되, 중간 과정을 함께 지켜보고 피드백을 주고받아야 한다는 것 말입니다. 그래야 팀원들은 자신에게 주어진 업무 재량권 내에서 자기 주도성을 갖고 일을 해나갈 수 있을 겁니다. 진짜 유능한 리더들은 자신의 주관만을 고집하지 않습니다. 팀원을 성장시키는 데 초점을 맞추고 그 길에서 든든한 조언자가 되어줍니다. 실적만 압박하며 다그치는 것이 아니라 결과를 만드는 과정에 관심을 쏟는다면, 좋은 성과는 자연스레 덤으로 따라올 것입니다.

❻ 상사가 곧 고객이다

상사를 어떻게 대해야 할지 모르겠다면, 딱 하나만 기억하세요. '고객이 상사고, 상사가 곧 고객이다'. 고객의 니즈(Needs)를 파악하듯, 상사가 원하는 것을 집요하게 파고들면 결국 상사의 원츠(Wants)까지 알 수 있습니다. 그럼 인정받는 건 시간문제일 것입니다. 상사는 단지 나에게 요구하고 지시만 하는 사람이 아닙니다. 나를 통해 좋은 결실을 보고 성취를 이루려는 또 하나의 고객입니다.

❼ '셀프 칭찬'은 외로워지는 길이다

리더 자리에 오르면 가장 욕심나는 것이 있습니다. 바로 내가 이끄는 구성원들의 존경과 인정을 받는 것이죠. 이런 마음이 앞서다 보면 '셀프 칭찬'에 익숙해지고, 자기 잘못은 어떻게든 덮으려하기 마련입니다. 리더의 결정적 약점은 항상 어떤 위기가 닥치거나 문제가 생겼을 때 자신의 부족함을 쉽게 인정하지 않는다는 것에서 출발합니다. 존경받고 싶은 리더일수록 자신의 부족함을 솔직히 드러내고 팀원들과 함께 문제를 나눌 줄 알아야 합니다. 리더는 팀원들을 대표해서 문제를 해결하는 사람이 아니고 팀원들과 함께 해결해 나가는 사람이기 때문입니다. 팀원들 역시 자신의 부족함을 인정하고 그것을 부단히 채워가려 노력하는 리더에게 신뢰감을 느끼고 기꺼이 충성합니다. 단, 부족함을 인정한다는 것이 무능해도 된다는 말은 절대 아닙니다.

❽ 발전적 피드백을 경청하라

높은 자리에 오를수록 가장 답답한 것은 발전적 피드백을 해주는 사람이 현격히 줄어든다는 것입니다. 주위에는 온통 듣기 좋은 말만 늘어놓는 사람들뿐, 입에 쓴 조언을 해주는 사람을 찾아보기 어렵습니다. 아무리 수평적인 조직 문화를 가졌다고 해도 윗사람에게 솔직하게 의견 제시를 하거나 잘못을 지적할 순 없는 노릇이니까요. 팀장급 리더들이 우물 안 개구리처럼 좁은 시야에 갇히기 쉬운 이유이기도 합니다. 발전적 피드백을 해주는 사람이 없으면, 스스로 발전적 피드백을 찾아 나서기라도 해야 합니다. 팀원들로부터 솔직한 피드백을 받을 수 있는 기회를 만들거나, 믿을 만한 코칭 선배를 확보해 두는 것도 중요합니다. 그 모든 것들이 여의찮을 때는 자신을 객관화할 수 있도록 자기 자신에 대한 평가 일지를 일기처럼 써나가는 것도 방법입니다. 리더 자리에 처음 올랐을 때를 생각하며, 초심으로 돌아가 자신을 객관적인 시각으로 바라보는 연습이 필요하니까요. 결국 리더들에게 가장 필요한 건 메타인지 능력입니다.

❾ 인재들이 반할 수 있는 리더가 되어라

'조용한 퇴사'라는 신조어가 생길 정도로 요즘 직장인들은 매일 퇴사를 꿈꾼다고 하죠. 이직률이 높아지는 만큼 팀장급 리더들의 고민도 깊어질 수밖에 없겠죠. 팀원 한 사람의 공백이 생기면 그것을 메꾸기도 어렵거니와 팀원이 교체될 때마다 회사의 눈치를 봐야 하니까요. 그런데 어떻게 하면 팀원들이 회사를 떠나지 않게 할 수 있을까요? 연말 고과 평가에 후한 점수를 주거나 인센티브, 승진 등 여러 가지 당근이 있지만 이건 어디까지나 효과가 일시적일 뿐입니다. 오히려 일을 잘하는 직원이라면 이런 보상을 당연히 권리로 여기기 쉽죠. 결국 회사가 유능한 직원을 붙잡을 방법은 하나입니다. 함께 꿈꾸고 더 크게 성장할 수 있도록 도와주는 멘토이자 좋은 리더가 되는 것입니다. 구성원들은 자신의 리더를 보며 꿈을 키웁니다. 리더가 이뤄가는 성공에 자신이 할 수 있는 역할이 있고, 내로라할 만한 경력을 쌓을 수 있다면 기꺼이 회사에 올인하게 됩니다. 좋은 팀원은 좋은 리더 곁에서 탄생합니다. 여러분이 먼저 좋은 리더가 되어 보세요.

잇적사고

❿ 세대를 '잇는' 리더십을 발휘하라

MZ세대와 함께 일하는 어려움을 토로하는 팀장급 리더들을 종종 봅니다. MZ세대와 일하게 되면 '3요 주의보'에 시달린다고 하죠. 업무를 맡길 때마다 "이걸요? 제가요? 왜요?"라는 반응을 보이면 당혹스러울 수밖에 없을 겁니다. 처음엔 단순히 세대 차이라 생각하다가도 업무를 진행할수록 더 많은 트러블을 겪는 경우가 많습니다. 그래서 저는 세대의 차이를 극복하려 하기보다는 강점을 연결해 새로운 가치를 만들어가는 '잇적 사고'를 발휘하자고 말하고 싶습니다. "라떼는 말이야~" 같은 말은 MZ세대만이 아니라 모든 젊은 세대가 반감을 느껴온 표현입니다. 중요한 것은 그들의 관점과 언어를 이해하고 지지하며, 함께 일하는 관계 속에서 서로 배우는 것입니다. 이러한 협력은 단순히 갈등을 줄이는 것을 넘어 조직이 더 넓은 세상과 연결되는 기회가 됩니다. MZ세대와 협력하는 과정에서 폭넓은 가치관과 시각을 배우게 되고, 이는 곧 조직의 경쟁력으로 이어집니다. 계속 변화하는 가운데, 세대 간의 다름은 누가 옳고 그르냐의 문제가 아닙니다. 다만, Z to A로 접근해 보면, MZ세대의 미래 자아(Future Self)가 잘 실현될 수 있도록 라떼 세대가 먼저 손을 내밀어 잇기를 제안합니다. 서로를 이해하고 기꺼이 협력하려는 이 과정이야말로 진정한 리더십의 시작입니다. 세대 간의 '잇기'는 조직의 성장뿐 아니라, 더 나은 미래를 함께 만들어가는 길이 될 것입니다.

⓫ 다 같이 빛나려고 애써라

팀장급 리더들이 가장 많이 실수하는 것이 있습니다. 바로 본인 스스로만 빛나고자 과도한 욕심을 부린다는 것이죠. 자기 능력을 인정받기 위해 팀원들의 노력이나 성과를 가로채는 일쯤은 아무렇지 않게 해버립니다. 기업으로서는 위험을 자초하는 것과 같습니다. 이기적인 팀장을 만난 구성원들은 '팀장 좋은 일' 시키기 싫어서라도 열심히 일하려 들지 않으니까요. 악순환으로 향하는 지름길이죠. 만약 본인이 팀장이라면, 그동안 자기 업적을 빛내기에만 열을 올리진 않았는지 되돌아보고 하루빨리 행동을 고쳐가야 합니다. 생색내기에 바쁜 리더들은 부하 직원들의 신뢰는 물론 임원들의 인정도 받기 힘듭니다. 빤히 그 속마음이 들여다보이기 때문이죠. 진정한 리더십은 팀원들과 함께 빛나고자 하는 마음에서 시작된다는 것, 잊지 말아야 합니다.

잇적사고

⑫ 인식을 깨우는 질문을 하라

AI 시대는 바야흐로 질문의 시대입니다. 좋은 질문을 던질 줄 아는 능력이 곧 일의 성과와 직결되기 때문입니다. 리더라면 더욱 질문을 잘 던질 줄 알아야 합니다. 좋은 질문은 리더십을 빛내는 도구라 할 수 있습니다. 그런데 어떻게 해야 좋은 질문을 할 수 있을까요? 먼저 질문의 목적을 명확히 해야 합니다. 모호한 질문보다는 구체적인 질문을 던져야 뾰족한 답을 얻어낼 수 있습니다. 또한 질문하는 타이밍을 잘 살펴야 합니다. 팀원들이 서로 자연스럽게 의견을 나누기 시작했을 때 질문을 던지면 구성원들의 참여 열기를 더욱 뜨겁게 지필 수 있습니다. 또한 '예' 또는 '아니요'로 대답할 수 있는 닫힌 질문보다 팀원들이 자기 생각을 자유롭게 표현할 수 있는 열린 질문이 좋습니다. 그래야 반짝이는 아이디어들이 샘솟듯 할 테니까요. 하나의 틀에 갇히지 않고 다양한 관점에서 문제를 풀어갈 수 있도록 유도하는 질문 또한 언제든 환영합니다. 새로운 시각과 관점을 열어주는 질문이야말로 구성원들이 성장하는 데 가장 중요한 영양분이 되어줄 것입니다.

© 테이크호텔

에필로그

'잇적 사고'의
새로운 시작,
내 인생의
주인공은 나

공식적으로 CEO 직함을 내려놓은 지 7개월 차에 접어들었습니다. 30년 가까이 몸담으며 애정을 갖고 이끌어온 기업을 떠나 사람 '윤재연'으로서의 삶을 돌아보는 시간을 가졌습니다. CEO라는 무거운 책임을 행복한 사명이라 생각하며 열심히 뛰어온 시간이 주마등처럼 스쳐 지나갔습니다. 한 기업을 이끄는 리더로서 어떤 역할을 해왔는지, 부족한 점은 무엇이었는지 스스로 돌아보는 시간을 가졌습니다. 아마도 이 책이 그 귀한 시간의 소중한 결실이 될 것입니다.

그 사이에 제가 몸담고 있던 회사에서는 새로운 소식들이 속속 들려왔습니다. 경주의 리조트와 골프장, 워터파크가 약 3천억 원대에 매각 계약을 맺은 것을 시작으로, 용인과 상주의 골프장 매각도

순조롭게 진행되었습니다. 블루원용인CC과 블루원상주CC의 경우 블루원에서 재임차하여 운영도 계속 이어갈 수 있게 되었습니다. 혁신의 의지로 탄생한 루나엑스까지 최근 매각 계약 절차를 마무리 지었습니다. 유례없는 경기 불황 속 골프·레저 업계가 큰 어려움을 겪고 있는 가운데, 모든 사업장이 매각 흥행 속에 기대 이상의 가치를 인정받고 새로운 주인의 품에 안기는 것을 보니 아쉬움 속에서도 큰 보람을 느꼈습니다. 사실상 저의 경영 성적표를 받아든 기분이랄까요?

더불어 제가 구단주로서 아낌없이 후원했던 프로당구팀, 블루원엔젤스도 완전체 팀으로 다른 기업의 후원을 받게 되었습니다. 단 한 명의 선수도 빠짐없이 하나의 팀으로 다시 활동할 수 있게 된 것이 너무나 다행스럽고 기뻤습니다. 꼴찌에서 우승의 기적을 이룬 블루원엔젤스의 감동 스토리가 위기 속에서도 해피엔딩을 맞이한 것 같습니다. 저는 이제 구단주의 역할을 다했지만, 엔젤스의 첫 번째 팬으로서 아낌없는 응원을 계속할 것입니다.

안타까운 것은 이런 결실 속에서도 많은 분의 걱정을 한 몸에 받았다는 것입니다. 자식처럼 키워온 기업을 외부 요인에 의해 고스란히 넘겨야 하는 저의 심정을 헤아려 주신 것이죠. 우리나라에는 기업을 소유하는 것에 큰 의미를 두는 편이라, 오너 일가 경영인이 사업장을 매각하거나 처분하는 것을 안타까운 시선으로 바라보는 경우가 많습니다. 하지만 제가 열심히 키운 기업의 가치를 누군가가 인정해주고 높은 금액으로 인수했다는 것 자체가 기업을 통해 또 다른 성공적인 결말을 이룬 것이라고 생각합니다. 잘 키운 스타트업을 엑싯(Exit)하는 것과 마찬가지로 기쁜 마음으로 받아들이고 있습니다. 더불어 새로운 주인들이 기업의 미래를 더욱 크고 아름답게 키워줄 것이라 확신합니다.

지금에 이르러서야 빛나는 졸업장을 받아 든 기분입니다. 30년 가까이 혹독한 경영 수업을 받았으니 이제 아버지의 후광이 가득했던 기업을 떠나 독립할 시간입니다. 더욱 일찍 졸업해서 나만의 사업체를 이루었으면 어땠을까, 후회가 없었다면 거짓말이겠죠. 하지만 늦었다고 생각한 지금이 가장 빠른 기회 아닐까요. 지금까지 아버지 기업의 '조연'으로 그 역할을 다 해왔다면, 이제 비로소 제 인생의 주인공으로서, 제 기업의 진짜 주인으로서 발판을 마련할 시기입니다.

더 큰 꿈을 꾸고 있습니다. 더 아름다운 비전을 바라보고 있습니다. 더 많은 사람의 아픔에 공감하고 문제를 해결하는 일, 그렇게 많은 이들에게 행복과 평온을 선사하는 일에 열정을 쏟아보려합니다. 제가 30년 가까이 일하며 터득한 잇적 사고를 통해 세상을 좀 더 이롭게 하는 일을 향해 나아가려 합니다.

여러분들도 저와 같이 인생의 변곡점을 지나고 있다면, 그것이 비록 예상치 못한 큰 파도에 휩쓸려 위기의 순간을 지나는 것일지라도, 끝까지 희망을 잃지 않고 다시 한번 용기를 내보시길 바랍니다. 내가 누구인지, 내가 진짜로 원하는 것이 무엇인지, 이루고 싶은 꿈이 무엇인지만 명확히 알고 있다면, 두려워할 필요 없습니다. 위기의 순간이야말로, 내가 진짜 원하는 것을 찾아가도록, 진짜 내 인생의 주인공으로 살아갈 수 있게 만들어주는 변화의 기회가 되어줄 것입니다. 무엇이든 세상을 더 나아지게 하는 일에 열정을 쏟는다면, 기회는 계속 찾아오고 보너스 같은 결실이 따라옵니다. 돈을 좇으면 손안에 잡히지 않지만 꿈과 희망을 좇다보면 보람찬 인생이 펼쳐진다는 것을 믿고 가보세요. 그것이 결국 우리가 끝까지 놓쳐선 안 될 행복의 진리입니다.

이를 위해서 먼저, 용기 있게 나를 온전히 이해하십시오. 자신을 이해함으로써 세상까지 이해할 수 있다는 자신감을 가지세요. 어떤 경우에도 내 인생의 주인공은 나라는 사실을 잊지 말기 바랍니다. 그리고 반드시 더 나은 길이 있다는 확신으로 변화를 시도하세요. 배우고, 믿고, 깨달은 것을 차근차근 하나씩 실행에 옮기는 추진력으로 작은 성취를 이뤄가다 보면 분명히 여러분이 원하는 삶이 펼쳐질 것입니다. 내 인생의 주인공은 나라는 사실을 잊지 말기 바랍니다. 내 삶에 책임감을 가지고 끝까지 즐기며 집요하게 몰입하는 '잇적 사고'로, 여러분과 느슨해졌던 행복이 더 단단히 이어지길 바랍니다.

윤재연

세상을 이롭게 하는 연결의 힘

잇적사고

초판 인쇄	2025년 1월 22일
초판 발행	2025년 2월 5일

지은이	윤재연
펴낸이	전준석
제작 총괄	오프램프 에디션	전미정
콘텐츠	난나스토리	최보윤
디자인	폰다몬탈 스튜디오	신은혜 · 최승우
펴낸곳	시크릿하우스
주소	서울특별시 마포구 독막로3길 51, 402호
대표전화	02-6339-0117
팩스	02-304-9122
이메일	secret@jstone.biz
블로그	blog.naver.com/jstone2018
페이스북	@secrethouse2018
인스타그램	@secrethouse_book
출판등록	2018년 10월 1일 제2019-000001호

ⓒ 윤재연, 2025

ISBN 979-11-94522-00-3 (03320)